Pequeñas Batallas, Grandes Historias

Pequeñas Batallas, Grandes Historias

Cinco crónicas, cinco personajes, una búsqueda

Melissa Silva Franco
Luis Felipe Gamarra
Clavel Rangel Jiménez
Nilton Torres Varillas
Roberto Valencia

Prólogo de Roberto Herrscher

Portada: MG Group Publishing
Correctora principal: Anna Palao
Correctora: Carmen Zorrilla

Primera Edición Abril 2016

ÍNDICE

Prólogo: Jóvenes cronistas que llegan a tiempo, con el oído atento y la pluma afilada

Roberto Herrscher

Fue a mediados de octubre de 2007, en el primer día de clase del Máster en Periodismo de la Universidad de Barcelona. En mi función de director aguafiestas, les estaba recomendando a los alumnos que nunca hay que llegar tarde, ni a clase ni a una rueda de prensa ni a una cobertura informativa. Y usé una frase que repito como un mantra desde hace décadas: "Nunca es demasiado temprano".

Melissa Silva estaba sentada en el costado izquierdo y levantó la mano con educación, pero decidida. "A veces sí es demasiado temprano", dijo con ese tono cantarín de los venezolanos. Apenas nos estábamos conociendo, y me impresionó la seguridad con la que me contradecía. ¿Cómo es eso de que se puede llegar demasiado temprano?

Y entonces nos contó la historia. Era una jovencísima reportera de sucesos en un diario de Puerto Ordaz, y el editor la envío a una zona apartada, donde el jefe de policía daría declaraciones. Como no sabía el camino y el tráfico estaba pesado, salió con muchísima antelación. Cuando llegó al descampado, vio a lo lejos cómo unos policías se llevaban a un hombre maltrecho pero vivo a unos matorrales. Faltaban al menos dos horas para la comparecencia del oficial. Fueron llegando los colegas, la mayoría a la hora de la comparecencia. Cuando el jefe llegó, anunció que un peligroso delincuente se había escapado, que había disparado contra los agentes, que estos se habían defendido, y que en el tiroteo el hampón había muerto.

De vuelta a la redacción, siguió contando Melissa, habló con su editor: todo era mentira, no hubo tiroteo, lo fusilaron, yo lo vi. Estaba alterada. El hombre sonrió, le dijo que se calmara y le hizo una simpática reprimenda: "Muchacha, es que llegaste demasiado temprano".

Nunca olvidé la historia que Melissa Silva contó esa mañana. Y siempre supe que aún en los inicios de su carrera, ella ya sabía que sí hay que llegar temprano, aunque nos traiga problemas, aunque se enoje el editor que quiere quedar de buenas con el poder. Melissa ya sabía de las alegrías y las angustias que da el llegar temprano.

Por eso no me asombra, casi una década más tarde, que sea ella quien me apresure ahora para que termine yo este prólogo. Quiere llegar a tiempo con esta excelente colección de crónicas que compaginó junto con cuatro compañeros de generación: los cronistas del presente y del futuro.

La misma Melissa Silva inicia la serie con el retrato de una anciana de Corea que lucha por los derechos de las víctimas de la esclavitud sexual del ejército japonés durante la Segunda Guerra Mundial. En una crónica que sabiamente combina lo que Gil Won recuerda de la terrible historia pasada con sus jornadas de enfrentar a las cámaras y su valiente viaje a Japón su personaje se nos construye a los lectores como mucho más que una militante por su propio pasado: su lucha es por la verdad, por la dignidad de todos.

El cronista peruano Nilton Torres Varillas se encara con un aventurero catalán que encontró la Chinkana, un secreto prehispánico que la iglesia no quiere que se revele. Es un relato de búsqueda al otro lado del mapa, de vocación, de sueños llevados al límite, contado con pericia y arte.

Su compatriota Luis Felipe Gamarra sigue al padre de un policía muerto en un turbio enfrentamiento con indígenas indignados. La lucha de Felipe Bazán Caballero también es por la memoria y la dignidad de su hijo. Una emotiva historia de dolor y resistencia.

El aguerrido reportero salvadoreño Roberto Valencia narra la curiosa historia de un famoso comentarista deportivo argentino convertido en gestor de proyectos para dotar de educación y futuro a la juventud desesperanzada de El Salvador. En sus viajes con el quijotesco Alejandro Gutman, Valencia le hace unas veces de Sancho Panza y otras de doctor Watson, atento a las extrañas sentencias y la capacidad inspiradora de su fascinante personaje.

Por último, la periodista venezolana Clavel Rangel perfila a un personaje multifacético, complejo, a la vez heroico y problemático: Vallita, la luchadora comunitaria de un barrio violento de Ciudad Guayana. Vallita cuenta su vida de puños cerrados, de dolor largo y efímera esperanza, de dar y recibir golpes. Rangel no la justifica: la explica, y de esa manera nos permite entrar en el alma oscura de los que devuelven el golpe o sucumben.

Cinco historias, cinco personajes muy distintos, cinco formas de narrar que muestran que la crónica periodístico-literaria está viva en América Latina y tiene mucho que contar. Ninguno de estos relatos aparecerá en la portada de los periódicos, en la apertura de los telediarios: no son presidentes ni empresarios exitosos ni deportistas famosos ni modelos ni actores de telenovela. Son luchadores: saben qué los mueve y dónde quieren llegar. Se explican con pasión y claridad. No se hacen ilusiones sobre sus países injustos y desgarrados. Sus historias son dramas, no tragedias: todas dejan una rendija abierta a la esperanza.

Fui conociendo a estos cinco autores, que son lectores, reporteros y escritores impenitentes a lo largo de los caminos del ejercicio de la crónica y la enseñanza del periodismo relevante, el que pega y se nos queda pegado a la piel. A todos los admiro: son valientes, enfrentan peligros, piensan que el oficio de periodista tiene un fuerte componente ético, de compromiso con la verdad, con la justicia. Ven su trabajo como un constante rescatar voces acalladas, voces olvidadas, y darles el lugar que se merecen.

Y pensar que todo empezó hace casi una década, cuando dije en clase que no se puede llegar demasiado temprano, sin sospechar que, en la orilla izquierda del aula, se levantaría el brazo de Melissa Silva para contradecirme y, al mismo tiempo, regalarme la dolorosa historia que me daría la razón.

Estos cinco textos de luchadores por la verdad llegan justo a tiempo.

Gil Won, la abuela que batalla contra el olvido

Melissa Silva Franco

A Gil Won le gusta cantar.

Ella tiene una voz aguda y con un tono bajo que exige escucharla con atención. Cuando canta, el cuerpo diminuto de Gil se erige con firmeza y parece más alta. La expresión de su rostro se amolda a las letras de las canciones que en su mayoría hablan de historias de amor rotas por una guerra, de la pasión de los enamorados al reencontrarse y del éxtasis que viven las flores y los campos al ser trastocados por la naturaleza.

Gil tiene 86 años y en su memoria, que no se rinde ante el olvido, se cobijan las letras y melodías de medio centenar de canciones tradicionales de aquella Corea que alguna vez fue un único país, hasta que una guerra –con bomba atómica incluida– la fracturó en dos mitades y dejó como secuela una herida de 234 kilómetros que desde 1953 cumple con eficacia las funciones de frontera.

Gil tararea a diario alguna de esas canciones cuyas letras cada vez menos sobrevivientes como ella tienen capacidad para recordar.

***

Miércoles 8 de septiembre de 2004. El reloj de pared advierte que son las siete de la noche. Gil está cansada. Desde hace más de sesenta años sufre calambres en las piernas y suele dormir pocas horas tras ser azotada por pesadillas en las que siempre se pierde en habitaciones oscuras. Esta tarde se dispone a cenar cuando, de repente, una de estas 50 canciones –afincadas en su memoria con alfileres– se libera desde ese aparato de TV que ocupa una esquina del salón.

Gil espanta el cansancio de un palmazo, coge el mando para dar más volumen a la TV y se concentra en saber por qué una canción tan olvidada vuelve a sus oídos.

Louis –el hijo de Gil– y su esposa, Kim, cenan a su lado. La TV se convierte en la protagonista de la noche. Los tres permanecen atentos a la pantalla observando a medio centenar de jóvenes de organizaciones feministas que gritan "exigimos perdón", "queremos justicia", frente al robusto edificio gris de más de 60 ventanales minúsculos que resguarda al cuerpo diplomático de Japón en Seúl.

El ánimo de Gil se altera cuando en medio de las pancartas, pitos y palmadas, la cámara centra su foco en el rostro de Kim Hak-Sun, la primera mujer que reveló su pasado ante una multitudinaria rueda de prensa en Tokio, el 14 de agosto de 1991.

La locutora explica que Hak-Sun es el símbolo de una lucha. Tras denunciar al gobierno de Japón en diciembre de 1991, otras 237 mujeres se sumaron a la titánica tarea de visibilizar sus propias historias desde China, Indonesia, Holanda, Corea y Filipinas.

El programa de televisión presenta como un hecho histórico la presencia de Hak-Sun frente a la Embajada de Japón, donde conmueve al público con un discurso desenfadado y directo. En él, la coreana cuenta que su adolescencia estuvo marcada por las violaciones de los soldados japoneses, que durante su secuestro fue obligada a consumir drogas y alcohol hasta convertirse en una adicta sin límites, y que sesenta años después aún tiembla cuando ve una bandera japonesa.

Gil se indigna

– ¿De qué sirve protestar de esta manera? ¿Para qué hablar de las cosas íntimas de lo que vivieron algunas mujeres? Es como buscar que los japoneses te echen un escupitajo de nuevo en la cara–murmura.

– ¿Qué dices mamá?–pregunta Louis.

Gil no contesta, ni pronuncia una palabra más. Se queda inmóvil frente a la TV, incluso hasta muchas horas después de haber terminado aquel programa.

Esa tarde las pesadillas entraron por las ventanas de su memoria antes de tiempo, revoloteando en el recuerdo de Gil Won como murciélagos hambrientos.

Aquel 8 de septiembre el dolor se reinstaló en cada uno de los huesos de ese cuerpo frágil y aún sin cicatrizar de Gil Won.

Algo cambió.

***

Gil Won nació en 1928 en la provincia Pyunganbukdo, situada en el centro de la actual Corea del Norte. Su padre mantenía a cinco hijos con lo poco que ganaba de la venta de objetos antiguos, y su madre se pasaba más de 12 horas ofreciendo pescado fresco en el mercado del pueblo.

Japón había invadido Corea 19 años antes, por lo que Gil creció mirando como los soldados japoneses controlaban cada rincón de su pueblo.

"No llores, no grites, pórtate bien, dúchate, haz caso a mamá… que sino vendrán los japoneses a llevarte", advertían con diversión sus dos hermanos mayores.

Gil y sus hermanas más pequeñas obedecían atemorizadas ante tal posibilidad. Una infancia tranquila, sin muchos recuerdos que albergar. En 1935 la familia Won optó por probar suerte en Pyongang, que ya funcionaba como el centro industrial más potente de la Corea ocupada. Con unas pocas maletas a cuestas, los siete integrantes del clan Won caminaron durante tres días hasta llegar a la nueva ciudad, que para ese entonces albergaba a 200 mil habitantes.

El coste de la vida tres veces más alto, menos posibilidades de trabajo y muchas más preocupaciones, dinamitaron cada uno de los planes de prosperidad con los que se había soñado en el seno de la familia. El padre de Gil encontró consuelo en las botellas de Soju, un barato aguardiente hecho a base de arroz, que atraviesa cualquier garganta con el fuego que enciende su destilación a más de 45 grados.

La madre siguió vendiendo pescado en puestos callejeros y allí, un día del año 1939, la policía le notificó que su marido estaba en la cárcel. La prueba del delito fue hallada en su propia casa: objetos robados.

Con la detención del padre, la familia Won pasó a ser oficialmente pobre: sin posibilidades de ir a la escuela, todos a trabajar, y sin derecho a medicinas en caso de alguna enfermedad.

En aquella época de flujo industrial, un gramo de oro costaba 4,2 wones y la fianza que la policía exigió para liberar al padre se cifró en 20 wones. Una cantidad imposible de juntar, pero la familia se obsesionó en los intentos para lograrlo.

Gil tenía entonces 12 años y mientras ella jugaba en la calle, tras vender pescado junto a su madre, el poder de Japón se glorificaba con la ocupación de nuevos territorios: China, Tailandia, Birmania, Indochina e Indonesia.

Esta ocupación contó con la participación de más de tres millones de soldados, quienes no sólo clavaron la bandera de Japón como señal de victoria sino que además violaron, saquearon y llevaron todas las variantes de enfermedades de transmisión sexual a los poblados más recónditos de las naciones avasalladas.

Una acción militar que los altos oficiales se dispusieron a maquillar.

"Tenemos que hacer algo, nuestros soldados buscan subir su moral en la belleza de las mujeres que encontramos en el camino. Esto está mermando el honor de nuestra patria", se lee en uno de los informes que enviaban los subjefes en China a la Comandancia General en Japón, y que hoy forman parte de los documentos clasificados de la Biblioteca de Estudios de la Defensa del Instituto Nacional de la Agencia de Autodefensa en Tokio.

Ante esto, Japón buscó una solución.

Y creyó conseguirla.

∗∗

Kim sintió que algo ocurría.

Preparó un par de tazas con té verde, y sin hacer ni una de las muchas preguntas que se amontonaban en su mente, esta mujer –de baja estatura y cabello negro como la noche y brillante como la seda– se acomodó al lado de su suegra que estaba inmóvil frente a la TV. Sin recordar durante cuántas horas, permanecieron sentadas en el suelo del salón de aquella casa en la que vivían desde que Louis llegó al mundo, en Icheon, un barrio obrero a las afueras de Seúl.

Sin mayor espasmo, Gil Won cerró sus ojos y respiró con pausa hasta conectar sus recuerdos con las palabras. Cogió la mano de su nuera y rompió el secreto que la acompañaba desde 1940.

Palabra a palabra.

***

Una mañana de 1940 Gil jugaba con tres amigas en una calle cerca de su casa, cuando una mujer se acercó para invitarlas a una reunión en la plaza del barrio.

Cuando hubo reunido a una docena de adolescentes, la mujer les explicó que estaban reclutando a trabajadoras para una fábrica y que ofrecían ganar mucho dinero. Gil pensó en los cinco gramos de oro que costaba la libertad de su padre, así que fue una de las primeras en apuntarse.

Ese mismo día, las mujeres y niñas fueron trasladadas a la estación de tren sin posibilidad de avisar a sus familias, y llevándose apenas la ropa que llevaban encima.

Gil sintió miedo por primera vez.

A sus tres amigas ya las había perdido de vista. La mujer que la había reclutado comentó que iba por un momento al baño y también se esfumó, para siempre.

Gil aulló, lloró y vomitó durante todo el viaje en tren. No hubo paradas de descanso ni tampoco comida. Sólo se colaban en el ambiente los llantos de muchas otras niñas como ella.

Con el amanecer, el tren frenó cerca de la estación del río Dunman-gang y algunas de las mujeres y niñas fueron trasladadas en una furgoneta hasta Manju, noreste de China.

Un militar regordete y gritón fue el encargado de recibir al grupo. Todo de prisa y sin explicaciones. A Gil la llevaron a un pabellón situado al fondo del campamento militar. En el salón principal había unas 15 mujeres sentadas. El ambiente estaba comandado por un silencio que se rompió cuando una coreana cincuentona ordenó a Gil caminar hasta una de las habitaciones.

Gil recuerda que tiritaba de frío. Y de miedo.

Ningún soldado hablaba coreano, solo japonés. En su mayoría olían a alcohol y entraban a la habitación de Gil con su armamento, uno tras otro sin parar. Pero ni eso la intimidó tanto como las amenazas de muerte que la matrona dirigía a Gil en cada uno de sus intentos de escapar de la habitación durante aquella primera noche.

Temblando, con hambre y desorientada, la frágil humanidad de Gil soportó horas inacabables de penetraciones, golpizas y susurros ensalivados. Su mente se bloqueó y por momentos no recordaba en qué rincón del mundo se encontraba.

Pensó en su mamá.

Con el amanecer, los soldados desaparecieron.

Tras pasar un rato en aquel pabellón, un suboficial del 13º Regimiento de Ferrocarriles se fue a escribir sus sensaciones en un diario íntimo que hoy reposa en la biblioteca de Estudios de la Defensa del Instituto Nacional de la Agencia de Autodefensa en Tokio (Japón).

"La llegada de nuevas chicas llevó a que los soldados acudieran en tropel durante el día, por la noche fue el turno de los suboficiales. Para el segundo día, las chicas imploraron un receso porque sus cuerpos eran incapaces de soportar", describió en uno de los primeros folios de aquel diario personal.

Gil estuvo sin dormir las siguientes 24 horas, pero sobrevivió. Como pudo, con sus 12 años a cuestas, llegó al baño donde esperaba su turno el resto de mujeres.

Tras dejarse caer sobre el retrete, Gil se encontró con una mancha de sangre tatuada en sus bragas. El susto invadió su cuerpo, creyó que la muerte estaba cerca y explotó a llorar hasta que perdió el conocimiento.

El sangramiento reflejaba el fin biológico de su niñez. La violación masiva y sin descanso obligó a su frágil cuerpo a corresponder con el primer ciclo menstrual.

Este episodio en el baño conmovió a una de las mujeres que llevaba meses trabajando en el lugar, así que acogió a Gil durante las horas siguientes para cuidarla. Incluso le regaló una bola de arroz hervido, que luego entendió que se trataba de un bien de lujo en el pabellón.

Desde aquel día, Gil fue bautizada como Hanako. Un nombre japonés que significa pequeña flor. Cada noche, algunas de las mujeres cantaban desde la soledad de sus habitaciones. Eran unas melodías que Gil reconocía del repertorio de su madre y que por unos segundos la transportaban a su antigua vida.

Gil vivió en una habitación de tres metros cuadrados, un espacio donde trabajó durante el día, durmió poco por la noche y resguardó sus pertenencias durante los 14 meses siguientes: dos vestidos, una esterilla y un cepillo de dientes.

Su mundo se centró en esos 30 mil centímetros. Allí atendía a los soldados rasos desde las 9:30 de la mañana hasta las 15:30 de la tarde. Cada 30 minutos tenía que prepararse para una escena de sexo que no deseaba ni entendía. Por la tarde tocaba el turno a los suboficiales y cuando caía la noche su cuerpo debía resistir el arribo de los altos mandos, quienes llegaban a escondidas la mayoría de las veces.

Los sábados por la mañana era el único día que veía el sol. Los soldados permitían que las mujeres salieran al patio central para lavar la ropa mugrienta de la semana. Ella –mientras limpiaba los manchones de sus dos vestidos– recuerda que cantaba alguna canción coreana. Esa era la mejor forma que encontró para mantener a su familia en la memoria.

Una mañana, Gil amaneció con la piel hirviendo y con torrentes de sudor que surcaban su espalda, frente y manos. La matrona decidió que estaba en condiciones de continuar trabajando. Transcurrieron tres semanas más cuando los soldados se encontraron con un cuerpo inservible, débil y espantosamente delgado.

El rechazo de los militares convenció a la matrona de buscar ayuda. El médico militar sentenció que las dos costras ardientes en las entrepiernas de Gil eran los síntomas evidentes de una vertiente de la sífilis: la buba. Un diagnóstico esperado, sin sorpresas. Esta enfermedad azotaba a todo el campamento, y tenía a medio batallón en un hospital especial que fue creado para brindar tratamiento a los infectados.

La matrona insistió al médico que debía curar a Gil. El negocio tenía cada vez más demanda porque la guerra se expandía y con ella llegaban más soldados. Así fue como cuatro operaciones quirúrgicas en las condiciones más básicas y menos higiénicas sentenciaron la salud de una Gil adolescente.

Algunas de sus compañeras no resistieron estas operaciones sin anestesia. Otras desaparecieron tras asistir al puesto de salud. Ella superó las expectativas de sobrevivencia y se plantó a sus 13 años con un cuerpo huérfano de útero.

La debilidad impidió a Gil caminar con normalidad, y tampoco alcanzó a atender la demanda del día. Una inútil para el sistema de trabajo. Así que una madrugada, la matrona la mandó de vuelta a casa de mano de un coreano que trabajaba a las órdenes de los militares.

Gil cruzó China y llegó a su casa sin nada. Sólo con un pasaporte falso.

***

El pabellón donde Gil estuvo recluida no era un lugar aislado en tiempo, ni en circunstancias. Ella sobrevivió a lo que el ejército japonés denominó Centro de Consuelo, una especie de club de oficiales donde más de 200 mil mujeres y niñas fueron esclavizadas sexualmente hasta la rendición japonesa en la Segunda Guerra Mundial.

Yoshimi Yoshiaki es el hombre que sonrojó al gobierno de Japón tras desempolvar este pasado. En 1995 él presentó documentos oficiales sobre este sistema de esclavitud. Este profesor de historia de la Universidad Chuo (Central) se propuso investigar las denuncias tras escuchar el testimonio que mujeres como Kim Hak-Sun estaban lanzando al mundo.

A través de la pantalla del ordenador, él aparece desde su despacho en el edificio de la Facultad de Ciencias Sociales de la universidad que está situada en Tokio. Suelta un ensayado ¡Hola, un placer!, en un castellano básico, y luego pide pasar al inglés.

Yoshimi Yoshiaki luce una delgadez elegante, y con un carnaval de gestos aclama la necesidad de que la comunidad internacional conozca todos los detalles de lo que ocurrió con las llamadas "mujeres de consuelo". Un tema –insiste– que avergüenza a medio país y enfurece al resto.

Desde su oficina tapizada de libros, carpetas y títulos honoríficos de universidades de Asia, EE.UU y Europa, este catedrático muestra de forma ceremonial las copias de los documentos que consiguió en la biblioteca de Estudios de la Defensa del Instituto Nacional de la Agencia de Autodefensa en Tokio.

Son folios amarillentos y desgastados por los años, pero que revelan a través de una caligrafía impecable cómo el ejército creó el primer Centro de Consuelo en enero de 1932, una vez que las tropas volaron con explosivos un trozo de la vía de tren en Shanghái, y se instalaron en la zona para ir ganando territorio en China y luego en gran parte de Asia.

Los libros de seguimiento militar que desempolvó el profesor Yoshiaki están repletos de argumentos sobre la necesidad de contar en los campamentos con prostitutas, sirvientes y camareras. En ellos nunca se escribió la palabra mujer y están consignados bajo las rúbricas de tres funcionarios: subjefe Okamura, alto oficial Okabe y oficial Nagami Toshinori.

"El gobierno todos estos años había argumentado que se trataban de centros de prostitución financiados por empresarios, y no por militares. Pero una visita exhaustiva a la biblioteca donde resguardan la documentación de la guerra fue necesaria para demostrar lo contrario", dice el profesor.

Uno de los folios más comprometedores que posee Yoshiaki es uno que data del 11 de diciembre de 1937, cuando el alto mando militar ordenó la construcción masiva de los Centros de Consuelo en China.

En un japonés de la época –que Yoshimi Yoshiaki traduce de memoria– se explica que hay tres razones que llevaron a las Fuerzas Armadas a tomar esta decisión: prevenir el contagio de enfermedades de transmisión sexual en prostíbulos públicos, frenar la ola de violaciones y alimentar la autoestima de los soldados.

De estas tres razones, los documentos revelan que las violaciones a mujeres resultó el quebradero de cabeza para los jefes japoneses. Según las cartas enviadas al Ministerio de Defensa, estos actos avergonzaron a los comandantes de batallones, quienes temían ser debilitados por el enemigo en el campo de la moral. Para la época, y especialmente en China, el violar a una mujer representaba el delito más despreciado y castigado en un ser humano.

La estrategia continuó a pasos agigantados. Los reportes reflejan que la expansión de los Centros de Consuelo se abrió camino al norte de China y posteriormente en el centro y al sur del país, con una rapidez sin precedentes.

"Para 1939, el ejército reclutó a 1 mujer para cada 100 soldados. En las comisarías llovían las denuncias de niñas desaparecidas y secuestradas. Incluso había militares encargados de hacer estudios sobre el ritmo, aguante y desgaste de las mujeres reclutadas para servir sexualmente. Sin duda, se trató de un plan sistemático", dice el profesor, sin dejar de pasar lentamente sus dedos por los folios.

Estos archivos, con más de seis décadas de antigüedad, no dejan de escupir pruebas de la implicación del ejército en la creación y manejo de los Centros de Consuelo. Incluso en la época donde los resultados no eran esclarecedores.

Por ejemplo, en el año en el que fue secuestrada Gil Won, los comandantes militares consignaban a través de estos documentos que la situación era incontrolable ante el alto nivel de soldados que contraían enfermedades venéreas como la sífilis, gonorrea y linfogranuloma inguinal.

Los telegramas a la base central denunciaban un promedio de 2.600 bajas por campamento en los últimos seis meses de 1940. El terror invadía a los jefes militares, que temían una epidemia nacional una vez que los soldados volvieran a casa en Japón.

"Los soldados enfermos fueron llevados a hospitales especiales donde permanecían entre 1 y 91 días. Mientras que las mujeres y niñas fueron atendidas en condiciones nada humanas", aclara Yoshimi, con la mirada por encima de sus gafas.

A finales de 1940, al teniente segundo Ase Tetsuo (médico militar) se le ocurrió enviar un informe a la comandancia general en el que proponía cambiar los Centros de Consuelo por grupos de música, centros de lectura, cine y deporte. Pero fue una iniciativa que no obtuvo siquiera una respuesta.

Por el contrario, los Centros de Consuelo se multiplicaron y traspasaron fronteras.

***

La sede del Consejo Coreano de Mujeres Esclavas Sexuales por Militares Japoneses es un edificio de tres plantas, con paredes de ladrillo color naranja, que cuenta con más de 10 ventanales de cristales tan amplios como impecables. Está situada en la calle Copa del Mundo, del distrito Mapo-Gu, el tercero más grande de Seúl.

Es domingo, 8 de septiembre de 2013. El reloj de la recepción marca las 13:30, la hora exacta que la jefa de prensa llamada Seon-mi, una veinteañera joven y delgada, marcó para la entrevista con el equipo del Centro Coreano, una organización que reúne a más de 36 grupos que trabajan por los derechos humanos y los derechos de las mujeres en Corea del Sur.

Anicya es una joven que cursa el último año de interpretación en la Universidad de Seúl y hoy es la traductora encargada. Lleva minifalda, medias pantis, y tacones negros que hace sonar contra el piso. Está nerviosa.

"Es mi primer trabajo oficial como traductora, pero todo está controlado. Cuando mi profesora comentó que venían a hacer un trabajo sobre las mujeres esclavas me ofrecí de inmediato. Yo sé mucho del tema porque mi abuela fue una de ellas, aunque murió antes que yo naciera¨, dice Anicya antes de darse la vuelta.

Seon-mi llega a la recepción y saluda con un gesto de media reverencia, sin contacto físico. Anicya y ella hablan en coreano durante 10 largos minutos. De la conversación, Anicya sólo traduce: "La entrevista será con la directora del Consejo Coreano". Y nuevamente se da la vuelta sin posibilidad de hacer preguntas.

La joven traductora camina detrás de Seon-mi hasta la segunda planta del edificio, y se detiene en una oficina minúscula que sobrevive con una tenue luz natural.

En una angosta mesa reposa una taza de té que expulsa un tímido vapor con olor a miel. Mee-Hyang Yo –dueña de la taza blanca y ancha como un CD– da la bienvenida con una sonrisa y de forma inmediata saca una tarjeta de presentación. La directora coge la tarjeta con sus dos manos, que en Corea refleja un gesto de máximo respeto hacia otra persona.

Mee-Hyang tiene el rostro liso y blanco como una porcelana. El cabello a la altura de los hombros es de color negro, pero salpicado con una especie de matices vino tinto en algunos de los mechones. Sus párpados pesados dibujan en su rostro una mirada entreabierta, y los labios lucen un rosa brilloso. Ella está sentada en el mismo escritorio donde hace exactamente nueve años atendió la llamada telefónica de Kim, quien le dijo encontrarse triste y desorientada ante el pasado que acababa de contarle su suegra Gil Won. Al otro lado del teléfono también estaba Louis, quien intentaba procesar todas las verdades descubiertas en una sola noche.

Gil seguía sentada en el salón de su casa en Icheon. En ese instante sentía el alivio de un cuerpo que acababa de deshacerse de enormes sacos de piedra.

El operativo se activó: Mee-Hyang escuchó todo lo que tenía que contar Kim. Luego viajó unos 30 minutos hasta Icheon para conocer a Gil. El equipo del Consejo Coreano le presentó a otras mujeres que vivieron en los Centros de Consuelo y la invitaron a participar en los actos de protesta.

A Gil le costó vencer sus propios prejuicios. Hasta contar lo vivido, Gil tardó un año con cada uno de sus 365 días. Pero lo hizo.

Desde aquel momento, Mee-Hyang no se separa de Gil en ningún acto público al que la abuela asiste. En cada foto, vídeo o reporte de prensa, es común conseguir una imagen de ambas haciendo frente a un Japón que las ignora.

"La sociedad de Corea era muy conservadora. Por ejemplo, los coreanos pensaban en aquella época que si se encontraban con un caso de violación sexual de una mujer lo mejor que había que hacer era mantener el silencio, porque esa era la mejor manera de proteger a la víctima. Y así se mantuvo la situación durante casi medio siglo. Las mujeres como Gil intentaron sanar sus heridas como pudieron. Hasta que la democracia llegó a Corea, este pensamiento comenzó a cambiar y las víctimas se atrevieron a hablar sobre lo que habían vivido y a testificar donde hiciera falta".

La directora tiene prisa y poca paciencia. Cada dos minutos fija la mirada en el reloj que lleva en su muñeca derecha, así que tras una hora de entrevista pide a la traductora que revele cuántas preguntas más tiene apuntadas en la libreta. Son ocho, una cifra que la espanta, así que pide a Seon-mi rellenar su taza blanca y ancha con más té caliente.

Mee-Hyang es fundadora del Centro Coreano. Ella fue una de las jóvenes feministas que, en 1990, acompañaron las denuncias de las primeras víctimas públicas de los Centros de Consuelo. Durante varios años diferentes organizaciones asistieron de manera independiente estas denuncias, pero ante la avalancha de 237 nuevos testimonios de víctimas entendieron que la mejor estrategia consistía en unificar esfuerzos.

Los antecedentes de lucha de estas organizaciones progresistas se dieron en la década de 1970, cuando se centraron en los derechos de las mujeres trabajadoras, en la unificación nacional y en constantes campañas de paz ante una Corea en armisticio de guerra.

Mee-Hyan entró a la vorágine de la lucha feminista cuando apenas comenzaba su carrera universitaria en 1980, período en el que se protestaba contra la tendencia de los japoneses por explotar la prostitución en Corea. Una realidad que Mee-Hyan no duda en señalar como la más clara secuela de lo que ocurrió durante la Segunda Guerra Mundial con los Centros de Consuelo.

Los 30 años de experiencia de la directora del Centro Coreano le permiten asegurar sin miramientos que el gobierno japonés sólo ha intercambiado una disculpa oficial ante una larga lista de justificaciones sobre lo que ocurrió con las más 200 mil mujeres en los Centros de Consuelo.

"Japón no ha pedido perdón, sólo responde con mentiras como que las esclavas querían trabajar como prostitutas y que nunca fueron secuestradas. Todas las denuncias que hicieron las víctimas han sido rechazadas por el gobierno. Siguen pasando los años y Japón no asume su responsabilidad. Y es esta la razón por la que las víctimas no reciben aún ninguna indemnización. Estamos hablando de que se cometió un crimen sistemático y metódico por parte del Estado hacia estas mujeres", explica Mee-Hyang, mientras camina de vuelta a su oficina tras disculparse por tener que ir a otra reunión.

El Centro Coreano sólo ocupa tres oficinas en las que no paran de sonar los teléfonos. El resto del espacio funciona como el Museo Mujer y Guerra, en el que Gil Won es uno de los rostros más visibles. Sus fotos en Naciones Unidas, protestando frente a la Embajada de Japón o sonriendo ante una oleada de niñas escolares, son las imágenes que más se repiten en la recepción.

Tras una puerta de cristal está el lugar preferido de Gil Won: un amplio jardín con ocho árboles, un césped sano y cuatro bancos de madera. Un espacio en el que suelen hacer alguna reunión en tiempos de primavera.

Unas escaleras llevan a un nivel subterráneo, donde hay una simulación de las precarias habitaciones en las que mujeres como Gil Won vivieron hacinadas durante su estadía en los Centros de Consuelo.

En el tercer nivel del museo hay una estatua de cobre, a tamaño real, de una adolescente descalza que está sentada en un banco con la vista firme y hacia el frente. Una muestra que, tras años de solicitar permisos, el Consejo Coreano logró ubicar a las puertas de la Embajada de Japón en Seúl, para que los funcionarios recordaran cada día a las mujeres como Gil Won.

La pared central está tapizada por fotografías de las protestas que las mujeres han realizado a lo largo de los últimos 20 años. En ellas se ve una evolución de Gil, desde la mujer humilde hasta el símbolo de lucha en los actos públicos: al principio hay una mujer menos eufórica sosteniendo una pancarta, mientras que una fotografía de 2013 recoge a la misma Gil dirigiendo un discurso ante centenares de personas.

La última sala está cubierta por los testimonios de cinco mujeres. Uno de ellos es el de Gil Won, un vídeo grabado a finales de 2004. En aquella época Louis aceptó que su madre se trasladara al refugio "Nuestra Casa de Paz", que coordina el Consejo Coreano, para atender a las mujeres que fueron víctimas de la esclavitud en los Centros de Consuelo.

En aquel primer vídeo Gil cuenta su historia haciendo largas pausas. Aunque no aparece su imagen, la voz de Mee-Hyan se escucha al momento de dar fuerzas o preguntar más detalles. Es un testimonio de 17 minutos en el que se ve a una Gil de aspecto triste que relata sus cuatro años como esclava sexual.

Gil vivió dos veces la misma pesadilla.

Ambas veces en China.

Ambas veces siendo una niña.

***

Gil Won no tiene un cuerpo ágil, pero sí fuerte y resistente. Sus cabellos, bañado de esos copos blancos de la vejez, son de una densidad débil y dejan ver un cráneo zanjado por rebeldes cicatrices.

Es la hora de la merienda. Las 16:30 de un jueves de septiembre. Gil está sentada sobre una alfombra en el salón de la que es su casa desde 2004, un refugio también para otras tres Halmoni, que significa abuela en el coreano antiguo.

Gil afinca sus brazos sobre una larga mesa de madera. No habla pero escucha con atención. Observa sin disimulo mientras juega –sin conciencia– a cerrar y abrir las patas de sus gafas que reposan en una de sus piernas.

La luz proviene del amplio ventanal que da a un pequeño huerto. Es una casa de tres plantas que cedió el Ayuntamiento de Seúl al Consejo Coreano a comienzos del año 2000. Está situada en una urbanización de casas adosadas en Seodaemun, un distrito de Seúl que se ha hecho famoso por ser el líder en el uso de bicicletas, y muy especialmente por contar con el primer Ayuntamiento que aceptó un registro de matrimonio homosexual en el país.

El salón cuenta con un sofá de piel brillosa y negra, pero las abuelas son fieles a sus costumbres coreanas y optan por sentarse en el suelo. Gil tiene la espalda recta y las piernas recogidas en forma de arco. Esta mañana sintió frío, por lo que lleva bufanda y mangas largas dentro de casa. Las fotografías tapizan las paredes de color crema y están secundadas por calendarios actualizados en día y fecha. No hay dos, ni tres, sino siete de estos anuarios en un salón compuesto por seis paredes. Al parecer, la conciencia del tiempo es un asunto importante en casa.

Una bicicleta estática, dos aparatos para nebulizar, un ordenador portátil y una TV de plasma son los otros objetos que ocupan este salón de suelo de madera, al que se entra sin zapatos por norma y educación. Huele a vainilla, y el ambiente luce a toda vista con un aspecto impecable.

Para conversar, Gil prefiere subir a su habitación que está en el segundo piso y sube los 14 escalones sin agotarse. Tras la primera puerta a la derecha está su espacio propio. Es aquí donde pasa el mayor tiempo del día.

Es una habitación amplia, luminosa y decorada con flores y mariposas de color rosa que se repite en las sábanas, cortinas, mantas y alfombras. Gil coge una de las cuatro mantas que duermen sobre la cama y coloca algunos cojines que servirán de asiento.

En este lugar faltan las fotografías y los calendarios, pero están presentes una TV, una pequeña nevera y una estantería repleta de cajas de medicinas, libros y agujas con hilos para tejer. La TV siempre está encendida –dice– porque no le gusta el silencio. La puerta nunca se cierra para evitar animar a la claustrofobia y la luz eléctrica se modula para espantar sin éxito a las pesadillas. Estas son las normas encubiertas que Gil cumple a rajatabla, con el consentimiento de la cuidadora que las acompaña –casi- las 24 horas. Hoy es un día de esos en los que esta chica no está porque se ha ido al hospital con otra de las Halmoni.

Por un amplio ventanal se cuela la imagen de dos de los árboles que adornan la entrada a la casa. Aquí el olor a té gana la batalla. Gil es ordenada en el doblaje de su ropa, que está armoniosamente dividida dentro de un armario de madera.

Gil se masajea las piernas y señala unas cicatrices parecidas a las de su cabeza.

"Mi cuerpo sufrió más dolor del que podía resistir", se lamenta y se toca las piernas.

Cuando Gil volvió a su casa tras estar 15 meses en China no tenía estas cicatrices. Aunque caminaba con dificultad y había perdido la mitad del peso, la familia optó por no hacer demasiadas preguntas. La situación seguía siendo de pobreza extrema y el padre estaba aún en la cárcel. Así que hubo poco tiempo para los consuelos. Gil a las tres semanas ya estaba en la calle junto a su madre; por el día, vendiendo arroz y por la noche, cortando leña antes de cenar.

Una mañana de 1943 Gil debió presentarse a una fábrica de balas del gobierno Japonés en Pyongang. En aquella época las decisiones propias resultaban una utopía. Así que con la insistencia de su madre, la joven comenzó a trabajar en un galpón donde cumplía con el deber de pulir aquellas balas que luego dispararían los militares japoneses en la ocupación de nuevos territorios.

Tras dos meses de jornadas de 14 horas de trabajo, Gil recuerda estar contenta un día de primavera al saber que unas amigas le prestarían un vestido para ir a cantar a una taberna.

"Sin mis canciones no hubiese llegado a vivir tantos años", dice con una sonrisa, ni de tristeza, ni de alegría. Una sonrisa huérfana.

Ese mismo mediodía, Gil aguardaba en una fila la hora de la comida, cuando un hombre comenzó a gritarle desde la otra punta de la fábrica: "Hanako, Hanako".

"No había contado a nadie que ese era el nombre que me habían asignado en el Centro de Consuelo. Pero fui tonta, muy tonta, porque creí en aquel hombre que hasta ese momento me había tratado bien", dice Gil.

Aquel coreano seguía trabajando para el ejército japonés. Se había convertido en un reclutador de niñas y jóvenes deseadas por el sistema de Centros de Consuelo que

Japón ya había implementado en cada zona ocupada de Asia.

Aunque las enfermedades de transmisión sexual seguían devorándose a las mujeres y a los soldados, la Comandancia General respondió con la construcción de hospitales al lado de los Centros de Consuelo, y el envío de 32 millones de condones cada año a los batallones. Los documentos de 1943 revelan que pese a las 30 toneladas enviadas, cada soldado recibía sólo dos preservativos por mes. Para la época ya funcionaba a plenitud una maquinaria de traslados de mujeres y niñas que viajaban con la prioridad de mercancía de guerra.

El coreano tardó dos días en convencer a Gil –y a una de sus amigas de la fábrica– que la situación había cambiado. Que ahora el ejército necesitaba trabajadoras para lavar uniformes y cantar en los Centros de Oficiales durante algunas noches.

"Yo recordé que la primera vez de estar en el Centro de Consuelo un oficial me había escuchado cantar y propuso que participara en un concierto que estaban preparando para Navidad. Para ello me dieron un vestido nuevo y me llevaron a un club donde había muchas mujeres que parecían mucho más felices que nosotras. Aquella noche fue perfecta: canté y comí todas las bolas de arroz que me apeteció".

El engaño ganó a la realidad y las dos adolescentes se presentaron a la estación de tren de Pyogang. Ese domingo, Gil llevaba en su maleta un vestido de seda color naranja que le había comprado su madre, con el compromiso de que lo usaría en los conciertos que daría en el Club de Oficiales. Este se convirtió en el último regalo que recibió de ella.

Ni la maleta, ni el vestido, ni la amiga. En completa soledad, Gil fue llevada a un Centro de Consuelo llamado Dokiwa, en el sur de China.

Ella lloró todo el trayecto.

Ella sabía lo que venía.

Cada día de los dos años siguientes, Gil vivió la misma rutina. A las cinco de la mañana hacía el desayuno para los soldados, a las nueve comenzaba a tener relaciones sexuales con los militares de menor rango, y por las noches tenía que proseguir con los generales y comandantes que continuaban llegando a escondidas.

Las cicatrices que dibujan su cuerpo pertenecen a la historia de lo que vivió en esta segunda estancia.

Ella permanece inmóvil. Piensa un largo rato. Acaricia con la punta de los dedos sus piernas y juega de nuevo con las patas de sus gafas. El silencio invade la habitación. Sólo un leve pero profundo respiro trae de nuevo a Gil a ese pasado que se cuela aún en sus pesadillas.

Gil señala una de sus cicatrices de la cabeza para denunciar que un militar borracho la golpeó con su espada. Gil desobedeció la orden de desvestirse bajo el argumento sólido de sentirse ganada por el cansancio. Esto ocasionó que el soldado vaciara toda la ira en el diminuto cuerpo de aquella adolescente que era en ese momento.

"Durante toda aquella época yo fui estúpida. Atendía cada día a 20 ó 30 hombres sin intentar escapar ni una sola vez. Siempre iba manchada de sangre, me dolía cada centímetro de mi cuerpo. Nos daban alcohol y drogas para resistir, y la idea de quejarse resultaba imposible porque los castigos eran severos. Siento odio, mucho odio". Gil dice cada una de estas palabras sin abrir sus ojos, con una voz de ritmo lineal, y sin mover ni una parte de su cuerpo que reposa en la cabecera de su cama que usa de espaldar.

En este Centro de Consuelo vivió días sin dormir, recibió la noticia de la muerte de su padre, padeció las golpizas más feroces por parte de soldados y la matrona. También obedeció castigos de largas temporadas sin comida, ni permiso para hablar con sus compañeras.

Era el 15 de agosto de 1945. El aislamiento en el que vivían logró que la noticia llegara seca y sin preaviso al Centro de Consuelo. Un movimiento de militares que abandonaba el campamento y una matrona angustiosa por recoger todas sus pertenencias paralizó a las mujeres que habían perdido la capacidad de actuar por iniciativa propia.

Los japoneses habían sufrido una cadena de derrotas consecutivas durante casi dos años en el suroeste del Pacífico: la campaña de las Marianas y la campaña de las Filipinas. Aquel país que se sentía poderoso al colonizar nuevos territorios de pronto fue perdiendo fuerza combativa, y se quedó con una reserva de guerra disponible de sólo seis portaaviones, cuatro cruceros y un acorazado.

A través de un comunicado que Gil escuchó desde la radio de la base, ya abandonada por los militares, supo que el Consejo de Guerra se rendía: "Ya no podemos dirigir la guerra con alguna esperanza de éxito. El único plan que queda es que los cien millones de japoneses sacrifiquen sus vidas cargando contra el enemigo para hacerles perder la voluntad de combatir".

Japón dictó una orden de repatriación para más de un millón de soldados que combatían en China. Se olvidó de Gil y las otras mujeres que permanecían en los Centros de Consuelo. Gil no sintió alegría. Las energías con las que contaba sólo alcanzaban para no perder el control y buscar la forma de cómo volver a casa.

Dos semanas después, cuando caminaban en busca de un centro para desplazados, el grupo de mujeres escuchó que un barco saldría a Corea. Así que no dudaron en salir de prisa al puerto donde lograron ser aceptadas para volver en otoño de 1945.

Cuando Gil llegó a Icheon se encontró que la Unión de Repúblicas Socialistas Soviéticas (URSS) y Estados Unidos habían despojado a Corea de la posesión japonesa. Este nuevo estatus había costado a la nación una profunda separación entre Norte y Sur, que seis décadas después sigue representando la frontera más militarizada del planeta.

Esta línea esfumó la posibilidad de que los coreanos contaran con la posibilidad de visitar a sus familias al otro lado de la frontera. Gil entendió que la vuelta a casa se convertía en una posibilidad hasta hoy remota. Ella teme haber olvidado el rostro de su madre. Pero prefiere pensar que sólo son fallos de la memoria.

Ese recuerdo volverá.

Ella está segura.

***

Louis tiene 56 años. Es pastor protestante e hizo una larga carrera como teólogo. Su madre lo trajo al mundo en el hospital público de Icheon, donde Gil le salvó la vida.

La madre biológica de Louis era tan pobre que los médicos habían decidido seguir el procedimiento en casos similares: no cortar el cordón umbilical. Pero a Gil le llegó la noticia de un amigo en común. No lo dudó ni un segundo, ella llevaba muchos años sintiéndose sola, así que cogió el poco dinero que tenía y se presentó en el hospital, donde estuvo dos semanas cuidando de la madre y el bebé.

Louis se quedó en brazos de Gil mientras que su madre, al salir del hospital, dijo que se iría a un pueblo del interior para ganar dinero pero nunca más volvió.

Gil tenía 30 años y ese niño llegó a su vida como un bálsamo para curar viejas heridas.

Antes de convertirse en madre, Gil Won vivió un segundo infierno.

Tras volver de China y finalizada la guerra consiguió trabajo en un bar donde servía copas y cantaba por las noches. Con alcohol ahogaba la nostalgia por su familia perdida y en el mismo bar donde trabajaba conoció a un hombre con el que se casó y se mudó a Onyang, una ciudad industrial en el Centro de Corea del Sur. Gil se convirtió la criada de su suegra y del hijo paralítico de su marido, quien resultó estar implicado en mafias de contrabando y desaparecía por meses de manera intermitente.

Además, la suegra le exigía salir a trabajar en busca de dinero para poder pagar las deudas, así que Gil aprendió a hacer licor de arroz y volvió a vender a las calles, tal como le había enseñado su madre. La joven ahorró durante cinco años y una madrugada huyó sin mirar atrás con destino a Pocheon, una ciudad situada a sólo 20 kilómetros de Seúl. Allí volvió a ganarse la vida cantando en bares y escenarios públicos y por primera vez sintió que estaba haciendo algo que la hacía feliz.

Un segundo matrimonio se cruzó en su camino, esta vez era un obrero de la empresa nacional de electricidad, quien sólo le brindó una larga historia de palizas y le quitaba el dinero que ganaba.

Gil huyó una vez más y fue cuando se hizo cargo de Louis.

Los primeros diez años de maternidad fueron duros pero felices, hasta que su segundo marido reapareció. El miedo invadió a Gil, así que le entregó todo lo que había logrado conseguir: su casa.

Gil y su hijo cambiaron de barrio para intentar tener una vida. Ella aprendió a trabajar como prestamista de dinero, vendía comida y cantaba en ocasiones especiales. Así enderezó su economía y cubrió los gastos de su hijo.

Louis tiene un cuerpo delgado y alto, un rostro redondo y ojos pequeños. Sonríe poco y observa todo con respeto. Louis lo tiene claro, él quiere rendir un homenaje de por vida a su madre. Y junto a su mujer decidió renunciar a tener un hijo propio, y adoptar algún bebé que sea abandonado en un hospital de Icheon. Su propia historia tiene que repetirse, insiste.

Gil sonríe en silencio.

＊

En los últimos 10 años, la voz de Gil se ha oído en diversos países de Asia, Europa y América del Norte. Su testimonio ha servido para que comisiones de Derechos Humanos en la ONU, y la Unión Europea exijan al gobierno japonés rendir una disculpa a las mujeres que pisaron los Centros de Consolación.

A Gil la cabeza le da vueltas. Está resfriada y la falta de energía la hace dormirse sentada con una facilidad que sorprende. Pero hoy está aquí. Ella sabe que la denuncia internacional es clave para la lucha por sus derechos. Así que esta mañana de finales de septiembre de 2013 viaja en bus por Japón para realizar diversos "actos de demanda" en dependencias gubernamentales de cinco ciudades diferentes.

– ¡Fuera, vieja perra!—grita un hombre con una bandera de Japón entre sus manos.

– ¡Vuelve al lugar de donde saliste, qué vergüenza!— grita una pareja de ancianos invadidos de rabia, y con voz temblorosa.

– ¡Vuelve a Corea, puta, puta, puta!—grita un grupo de veinteañeras que intenta sobrepasar la barrera policial de seguridad.

Los gritos de este grupo que supera las 200 personas ensordecen el ambiente de Osaka, la ciudad en la que Gil tiene previsto dar una rueda de prensa. Ella luce uno de sus trajes de seda tradicional de Corea, permanece sentada en absoluto silencio y desde la ventanilla del bus observa a la multitud que reconoce con experiencia.

Mee-Yang la anima a bajar del bus y cogidas del brazo ambas mujeres caminan los 200 metros que separan el parking del centro cultural donde se tiene prevista la rueda de prensa. En el trayecto, el camino obliga a pasar a escasa distancia de donde están los manifestantes, quienes se excitan de rabia mientras más cerca tienen a Gil.

La abuela escucha los insultos, y por inercia baja la cabeza. Mee-Yang le aprieta las manos y susurra algo al oído. Tal vez una frase de valentía, porque Gil levanta la vista, yergue su cuerpo y sus pasos comienzan a ser más seguros, aunque igual de lentos.

El grupo de veinteañeras es el ala más radical en la protesta. Animan al resto a gritar más ofensas, sacan pancartas sobre el honor de Japón y se niegan a retirarse de las inmediaciones del centro cultural hasta que Gil no desaparece de su vista. Ellas forman parte del Partido Liberal Democrático y del Partido de la Nueva Frontera.

Japón cuenta con este grupo de nacionalistas que se oponen a reivindicaciones como las de Gil, porque para ellos son hechos que atentan contra el honor del país. Entre su directiva cuentan con líderes de grandes empresas como Canon, Fujitsu y Mitsubishi.

A los nacionalistas se une la Asociación Japonesa para la Reforma de los Libros de Historia que nació en 1996, luego que al gobierno se le ocurriera incluir tres líneas para mencionar la existencia de mujeres como Gil en la Guerra: "A las mujeres se les obligó a acompañar a las tropas, se les conocía como las mujeres de consuelo y recibían un trato abominable"

Este reconocimiento público desquició a muchos profesores y trabajadores de la educación que se opusieron a la iniciativa gubernamental, porque "la población no se sentiría orgullosa de pertenecer a la nación nipona".

Desde la década de 1990, este grupo ha editado libros de cómics –que se han convertido en verdaderos best sellers– para retratar a unas mujeres de consuelo que aceptaron el trabajo como prostitutas de los militares, y que demostraron su pasión por ganar dinero a través de este oficio.

Shinzo Abe ha sido uno de los principales líderes de la Asociación Japonesa para la Reforma de los Libros de Historia. Este japonés ha logrado una carrera política meteórica que lo sitúa en la actualidad como primer ministro y su discurso nacionalista lo mantiene desde 2007 como figura clave dentro del gobierno actual.

Abe se convirtió en el primer ministro más joven de la historia nipona, y el cabecilla en negar que las tropas japonesas forzaran a mujeres de los países ocupados a la prostitución durante la guerra. China y Corea del Sur manifestaron su indignación, pero el punto fuerte de Shinzo Abe frente a sus electores es su lucha por destacar la buena obra de Japón durante la Segunda Guerra Mundial.

Gil sabe quién es Shinzo Abe, aunque no lo conoce en persona. Ella está acostumbrada a la presencia de sus partidarios en cada viaje que ha hecho a Japón.

Hoy Gil necesita sentirse fuerte, Mee-Yang sigue a su lado para lo que haga falta sin siquiera decirlo: la pastilla roja a las 11 am, el jarabe miel, una copa con agua, un caramelo para frenar el mareo, y unos guantes para calentar las manos.

La sala del Centro Cultural está abarrotada de periodistas, seguidores, y dirigentes políticos de partidos progresistas. También está el profesor Yoshimi Yoshiaki, y tres jóvenes que trabajan como voluntarias para el Centro Coreano. Entre todos, unas 60 personas. Todos con móviles en mano, y casi todos con la mirada clavada en la pantalla de estos aparatos.

Gil reposa sus brazos en la mesa, escucha la presentación que hace el delgado joven de protocolos del centro cultural y con naturalidad coge el micrófono para comenzar su discurso. Este gesto activa una avalancha de flashes y disparos de cámara que en los siguientes cinco minutos acompañan a las palabras que Gil eligió para aquel momento:

"Es muy difícil para alguien como yo venir hasta este país... Entonces, ¿por qué he venido? Yo pienso que había que venir ahora... porque esta podría ser mi última oportunidad".

El silencio gana terreno en la sala. Primero con timidez y luego con dominio. Gil cuenta su historia, sin mayores detalles y dibujando golpetazos en su rostro cada vez que se refiere a lo sufrido por parte del ejército japonés. El discurso se centra en sus últimos 15 minutos en la importancia de que el gobierno japonés acceda a pedir perdón por lo ocurrido en los Centros de Consuelo.

Mee-Yang hace un gesto al joven de protocolo tras una ronda de solo tres preguntas por parte de los periodistas. Otra ola de fotografías azota a Gil, y en medio de la nube de periodistas se dirige hasta el bus para continuar el camino aún trazado por los insultos de los nacionalistas.

Y así, cuatro ciudades en tres días: Okinawa, Hiroshima, Fujiyama y Okiyama.

Gil está cansada.

Ella desea que esta guerra llegue a su fin.

***

Hoy en Seúl caen gotas de agua helada desde un cielo gris que revela que el sol ha perdido la partida.

Como cada miércoles desde 1991, la furgoneta llega a su destino: la embajada de Japón en Seúl. Cuatro mujeres bajan sin tropezar con nadie ni contra nada. Son jóvenes, rápidas, estrictamente silenciosas y actúan con la misma precisión que los cirujanos en un quirófano.

Una de ellas abre la puerta del maletero para sacar una mesa, otra usa su espalda para trasladar un altavoz que en breve gritará canciones de protesta y las dos restantes colocan una silla en plena calle y reparten volantes ante un centenar de personas. Todo esto con una solemne eficacia que hoy les permite organizar todo en sólo 18 minutos.

Allí está Gil. Como cada miércoles desde hace una década.

Gil aguarda en silencio dentro de la furgoneta, juega con sus labios que hace balancear con sutileza desde la derecha hasta la izquierda sin mayores aspavientos. Una especie de danza que deciden seguir sus dedos pulgares al girar sobre sí mismos, con la complicidad de sus manos reposadas sobre las piernas. Está sentada junto a la ventana de la puerta izquierda, justo detrás del asiento del conductor. De vez en cuando levanta su mirada infinita, inspecciona a través del cristal tocado por la lluvia ligera, acomoda sus lentes, vuelve a bajar la mirada y respira tan lento que la acción termina siendo un suspiro.

Así permanece hasta que una de las chicas abre la puerta, y Gil se obliga a traer su mirada de vuelta. Ella observa a quienes han venido hoy a acompañarla: más de 100 niñas de un colegio católico, un grupo de 12 mujeres de Estados Unidos y otro centenar de protestantes y curiosos.

Sonríe sin júbilo, y agradece con un gesto que esbozan sus manos.

Un grupo de periodistas penetra el rostro de Gil durante siete minutos consecutivos con flashes, lentes gigantes y micrófonos que esperan grabar alguna frase que sacie el hambre del informativo de la noche.

–Ya no me quedan bríos para hablar, me faltan fuerzas.

La frase provoca el silencio absoluto.

Gil remata:

–Lo siento.

Como la más veterana del grupo de 4 chicas, Lora dice que está afectada por lo que acaba de decir Gil.

Para Lora es duro reconocer en Gil las mismas palabras que en los últimos dos años han pronunciado otras 89 mujeres que también asistieron cada miércoles a la puerta de la embajada para denunciar cómo la guerra destrozó sus vidas. En este camino, ellas perdieron el brío para siempre.

La muerte acecha a las sobrevivientes que hoy superan los 85 años como edad promedio. La vida dibuja la fecha de caducidad a una lucha a la que Japón insiste en defenderse con el silencio infinito.

Gil hoy no da ningún discurso. Se sienta frente a la Embajada sólo para escuchar las frases de solidaridad por parte de los asistentes. En el edificio consular sólo se abre la puerta para que los trabajadores salgan a su hora de almuerzo. Así lo hacen. En 60 minutos se ve salir con normalidad a medio centenar de personas que no se inmutan ante la protesta de Gil.

A Gil le cuesta permanecer despierta. Lora evita que el cansancio siga taladrando en el ánimo y el cuerpo de la abuela. Así que ambas caminan despacio hasta la furgoneta, Gil se sienta. Suspira.

Las cuatro chicas comienzan a recoger todos los carteles instalados para la protesta. Lora parece recordar algo, corre hasta la furgoneta y enciende la radio para animar el silencio que invade a Gil.

Gil agradece.

Sonríe.

Tararea.

A Gil le gusta cantar.

En el nombre del hijo. El Vía Crucis de Felipe Bazán Caballero

Luis Felipe Gamarra

"Hay golpes en la vida, tan fuertes", dice Felipe Bazán Caballero citando un verso del poeta peruano César Vallejo, con ese tono sereno con el que un superviviente acostumbra a invocar a sus fantasmas. Durante los primeros años, Bazán buscó a su hijo con la esperanza de volver a abrazarlo. Más tarde, después de recorrer miles de kilómetros, de cruzar ríos, de atravesar poblados, de conversar con miles de personas en busca de pistas, Bazán empezó a enterrar a su hijo en el cementerio de sus recuerdos. Hoy, con la mirada cansina, espera que el alma de Felipe no quede varada en la espesura de la selva, asustando a la gente, vagando por el follaje, sin descanso, como él.

***

Aves negras repasan en círculos el horizonte. Los pobladores conservaban el calor de las hogueras con ramas secas para transformar la curva de asfalto en un verdadero infierno. El humo de las barricadas se confundía con el de los gases lacrimógenos, imposibilitando la visibilidad de los policías que no podían diferenciar entre las armas de amigos y de enemigos. El mayor Felipe Bazán Soles, al lado de otros nueve policías, trepó con rapidez una montaña para tratar de ganar unos minutos mientras llegaban los refuerzos, sin percatarse que un contingente de más de 400 indígenas cercaba a su equipo contra el abismo. Sobrepasado en número y sofocado por el aire contaminado, ordenó la rendición convirtiéndose en el primer policía de aquel día en entregar su pistola automática a un grupo de indígenas armados con lanzas. Después de haberlos desnudado, los pican con sus lanzas produciéndoles heridas sangrantes en todo el cuerpo, y les disparan con sus propias armas. Los cuerpos son arrojados colina abajo, al vacío. Como trofeo de guerra, los nativos se llevan al mayor Bazán al grito de "¡viva la revolución indígena!". Aterrado, con el rostro salpicado de la sangre de sus compañeros, lo trasladan como si se tratara de un criminal. De la turba sale un indígena con una cámara para tomarle una foto. Es la última imagen que se tendrá de él con vida.

***

"¡Hijo! ¡Hijito!" Felipe Bazán Caballero no supo lo que era gritar en silencio hasta el día en el que sus palabras se atoraron en su garganta, cuando le dijeron que su hijo estaba muerto. No podía desfogar, no le salían lágrimas. Estaba desconsolado. Sus músculos estaban tan tensos que no podía ni flexionar las rodillas para sentarse. El 5 de junio de 2009, en la provincia de Bagua, en la región Amazonas, en el nororiente del Perú, se produjo una batalla infernal entre la policía y las comunidades indígenas wampi y awajún. En una zona de la carretera Fernando Belaunde Terry, a la que los mismos pobladores denominan La Curva del Diablo porque bordea una colina y es un giro peligroso para los choferes de carretera, estalló el *Baguazo*, como se le llamó al levantamiento de nativos contra un decreto del gobierno del expresidente del Perú, Alan García, que promovía la actividad petrolera en zonas de la selva peruana. Su hijo, el mayor de la policía Felipe Bazán Soles, acababa de desaparecer. Sin recibir ninguna orden, el mayor Bazán se apersonó en la dirección de Operaciones Especiales en Lima, que reclutaba efectivos para trasladarse hasta el conflicto, a ofrecerse a cubrir una plaza que faltaba para despejar la carretera. Bazán llegó el día que la pista cumplió los 58 días de bloqueo.

Tras cinco horas de enfrentamientos, el saldo resultó feroz para ambos bandos: 33 personas muertas (23 policías y 10 civiles), 205 personas heridas (172 entre indígenas y mestizos, 50 de ellos con impacto de bala, y 33 policías) y más de 100 personas detenidas entre nativos y mestizos.

Durante las primeras horas el mayor Bazán fue declarado como muerto, pero no se encontraba su cadáver. Se consideró rápidamente como el único desaparecido en acción de ese operativo, hasta el día de hoy. Ahora, después de seis años de búsqueda, sus hermanas le dicen a Felipe Bazán Caballero: *Bueno, papá, tienes que olvidar... ya pasó*. "El que no es padre no valora, no sabe lo que se siente. Uno ama tanto a su hijo que cuando lo pierde se da cuenta que lo amó más y lo seguirá amando más todavía", responde el patriarca adolorido, sentado en el segundo piso de su casa que ha convertido en hospedaje para poder recuperar los gastos que hizo durante todo este tiempo, tratando sin éxito de hallar a su hijo. "Mi martirio es vivir con angustia, zozobra, y siempre con las preguntas *¿Qué pasó? ¿Por qué se fue?* No descanso, me despierto asustado por las noches buscando las respuestas. Pido a Dios que me dé vida hasta saber la verdad, así moriré tranquilo".

***

Bazán Caballero llegó hasta el calor infernal de La Curva del Diablo después de una semana, porque le dijeron que allí encontraría los restos de su hijo, empezando así probablemente el periodo más penoso de su existencia. "Hasta que no sepa algo seguiré en la lucha. Nadie me va a sacar esta cruz. Solo la muerte me hará olvidar".

Tras desilusión y desilusión regresaba a casa pensando que hizo todo lo que estaba en sus manos pero, de pronto, llegaba otro motivo para volver a hacer sus maletas y regresar al campo. No han sido pocas las veces que Bazán Caballero se internó en la selva por cuarta, quinta, sexta o séptima oportunidad, a partir de una pista o una declaración. ¿Cuál era la razón de tanta perseverancia? Pensar que sus viajes no eran en vano. "Si pensaba que mi hijo había muerto nada tendría sentido. Yo buscaba porque quería hallarlo con vida, porque hasta que no viera una uña o un dedo de él, valía la pena seguir intentando".

Su teoría era simple: los nativos se llevaron a su hijo vivo. "La gente decía que estaba loco. Los generales decían que *ya lo habían asesinado, lo fondearon, lo tiraron.* Pero, sigo pensando que vive en alguna comunidad. No hay crimen perfecto. No hay mal que dure cien años ni cuerpo que lo resista. *Tiene que saberse la verdad. Si está vivo, ¿en qué lugar? Si está muerto, ¿en qué comunidad?* Ese pensar es mi calvario. Me deprime, me mata, me acaba cada día". Los nativos le decían "por allí hay un cadáver", entonces inmediatamente iba hasta ese lugar, sin importar la distancia, para indagar sobre los rastros, pero nunca obtuvo nada. Ni el cadáver de Bazán Soles ni el de algún nativo. Subió por el río Marañón, estuvo en un lugar denominado

"El infiernillo", donde es fácil imaginar miles de cadáveres flotando por el río, pero no hallaba respuestas, solo preguntas y más preguntas.

Bazán Caballero jamás ha conversado con un psicólogo. "Sólo cuando las circunstancias lo ameritaban pensaba que necesitaba ayuda, pero nunca la busqué". A veces, cuando le preguntan por su hijo, se exalta. Después llora. Para él, es la acumulación del estrés. "En ocasiones, uno dice que va *a tirar unos traguitos* para evitar las penas y es lo contrario. El trago causa más tristeza, más depresión y más preocupación. No me alegra. Me derrumba". Mientras que sus nietas han recibido orientación especializada para afrontar la desaparición y desesperación, él no ha compartido con ninguna persona esta pena que lo sigue destruyendo desde las entrañas. "Cuando estuve en Chiclayo conversé con la esposa de mi hijo sobre el tema. Me pide que vaya a ver un médico, pero no he ido. Las que necesitan más ayuda son mis nietas. Siempre preguntan por su padre. Sobre todo la pequeña". Para él, Silvia Pérez Vargas, su nuera, así como sus nietas, han sido el soporte que necesitó para no perderse en esa jungla salvaje de la depresión

***

Amanece en "la siempre fiel ciudad de Cajabamba", una provincia en la sierra norteña, a cuatro horas en coche desde Cajamarca. De cabello negro, ex Guardia Civil, corto de vista con bigote grande y oscuro, de frente amplia con entradas y una voz gruesa, sale de su hostal, una casita vieja con diez cuartos. Camina tres kilómetros para ejercitarse. Regresa en hora y media. Se asea, desayuna y sale para el mercado. Sus mañanas pasan rápido. Los gorjeos de las palomas se entremezclan con la risa de los niños de una escuela cercana, con los cláxones de los buses interprovinciales que aparcan en las esquinas y los ladridos de perros callejeros que abundan por sus plazuelas. A pesar del bullicio, en esta parte del mundo las horas pasan más despacio.

En noviembre cumplirá 66 años, de los cuales siete han sido un tormento. Hace dos años que no regresa a Lima porque ahora le ha cogido temor a los viajes. "Ya no quiero ni ir a Cajamarca porque aquí estoy más tranquilo. *Si me quieren, déjenme acá.* De aquí ya no salgo hasta que Dios me recoja. Este es mi descanso". Busca una cajetilla de cigarros. Golpea, secamente, contra la palma de su mano. Desgarra el celofán. Limpia alrededor. Coloca cigarrillos entre los anulares y los dedos medios. Tanto, tanto, tanto tiempo al tiempo. En su mente, con toda la pasión. Recuerda lugares y fechas en su habitación. A veces, lee tanto los resultados de las investigaciones que las autoridades hicieron en Bagua y las de los periódicos, como obras de Ciro Alegría o César Vallejo. Si deja de hacer algo, las imágenes de su hijo regresan a su mente, como aquella fotografía en la que sale vivo, ensangrentado, cercado por nativos salvajes con lanzas de guerra, que se convertiría en su esperanza pero al mismo tiempo en su peor pesadilla.

Acerca un fósforo a la punta del cigarro, aspira como si estuviera bebiendo de una cañita. No inhala ese humo. Jala algunas veces para conseguir que se encienda el tabaco. Después de unos segundos, por la nariz, el humo sale de forma rápida hacia abajo, mientras que la boca libera hacia arriba. No lo deja satisfecho. Lleva el filtro a sus labios desde hace ya varios años. Fuma bastante. "Cuando estaba en la selva, consumía hasta tres cajetillas diarias. Ahora, solo quince cigarrillos diarios. Todo por la ansiedad. Uno piensa que es la solución, pero sin darte cuenta te conviertes en un adicto. Yo soy un adicto. Quisiera hacer algo para dejarlo por completo. Al salir a caminar olvido eso, pero cuando me enclaustro comienza la desesperación y la ansiedad. Es como si fumara para dejar de fumar. Debo estar enfermo para pensar así", asevera Bazán Caballero. A veces, por las tardes, una pequeña siesta lo invita a dejar de pensar, a dejar de fumar, pero al despertar el dinosaurio sigue allí.

***

Bazán Caballero realizó estudios primarios y secundarios en su pueblo, Cajamarca, en la escuela 113 y el Colegio Nacional José Gálvez. Se aferró a la Guardia Civil porque era una vocación familiar. "Mi padre perteneció a la institución, subalterno, y quería que por lo menos uno de sus hijos fuera oficial. Mi hermano mayor postuló a la escuela de oficiales y no ingresó. Estuvo cuatro años de subalterno, pensando escalar, y otro hermano, José Bazán, también llegó a la escuela pero no la agarró. Fue profesor", cuenta. Postuló en 1969, pero desaprobó el examen médico. Ingresó en la escuela de subalternos el 1 de mayo de 1970. Sus primeras prácticas las realizó en la periferia de Lima. Debía rondar por pequeñas plazas de San Juan de Miraflores. Después, partió a Chimbote. El 31 de mayo de 1970, apenas llegó, ocurrió un terremoto. Cubrió la zona y durante el servicio conoció a la madre de su único hijo. Felipe Bazán Soles nació el 10 de diciembre de 1971. Al año siguiente regresaría a Cajamarca. Tiempo después, con ese primer compromiso, llegarían dos niñas a su vida. Ahora, junto a otra pareja, tiene tres mujeres más por las que velar.

¿Qué le diría el Felipe Bazán Caballero de ese entonces al de ahora? *"Que goce la vida un poco y que arme una casita*

53

donde vivir tranquilo. Cuando tengas todas estas condiciones, cásate. Porque es otra etapa de la vida. Mi consejo para los muchachos es que no se comprometan tan jóvenes. Sean profesionales primero. Conozcan bien a su pareja. Convivan primero". Al preguntarle por la mejor manera de prepararse para la paternidad, recalca que se debe vivir un poco más. Ganar experiencia. "Algunos jóvenes de mi pueblo tienen hijos a los 15 o los 16. ¿Qué futuro tendrá ese adolescente? ¿Por qué se casan temprano? Sin acabar la responsabilidad de ser hijo, ya es padre. *¿Dónde están sus anhelos o su aspiración? Se truncan. Trabaja y gana plata, y ahí queda.* Pelean con la esposa y es malo para los niños. Llegan a separarse. Pienso que eso no debe existir. El matrimonio es un compromiso de por vida hasta que la muerte los separe. Cuando tuve a la madre de mi hijo embarazada, ya no pude postular. Me quedé de subalterno. Me sentía tranquilo. Comencé a ganar y como dicen: *cuando uno comienza a ganar, ya no se preocupa de que pueda ser mejor".*

Tras 23 años de servicio, en la Guardia Civil, salió de baja y se dedicó al comercio porque un amigo llegó con la recomendación. *"Si tienes capital puedes comenzar esto",* le dijo. "Tenía una motito. La vendí y empecé a negociar. Estamos hablando de 1992. Trabajaba en la frontera con Ecuador y traía poquísima mercadería: sábanas, toallas y ropa. Mi cartera era de 500 soles. El negocio daba. Había menor competencia en comparación a estos días. Después, se malogró un poco. Viajé a Lima. Paraba entre las avenidas Grau y Gamarra. Traía ropa. Ya conocía las zonas. He estado 13 años negociando porque la pensión que recibía era mínima. Comía y vivía con las justas", recuerda Bazán Caballero.

***

Unir la profesión de Guardia Civil con su papel de padre fue difícil. "Es demasiado arriesgado. Nos cambiaban cada dos años. Te alejas de la esposa y de los hijos. Parábamos de un distrito a otro". Hizo toda su carrera en los siete puestos policiales que tienen en su Cajamarca querida. Al primogénito le gustó también. *"¿Cómo nace? Como una herencia, carajo…Yo no quería en ese tiempo porque el terrorismo estaba fuerte", revela.*

"Hijito, mira los problemas que paso. Hay que madrugar. Hay que quedarse en el cuartel -le decía para persuadir-.Te pueden matar en cualquier rato. Hijito porque no eliges otra carrera, tantas que hay".

Pero su hijo quería ser policía. "A los 16 años salió de Cajamarca, postuló e ingresó en la escuela de Policía. Ni siquiera estuvo cinco años. Por el terrorismo se graduaban temprano. Solo tres años. A los 19 ya era Alférez". Don Felipe aconseja a los jóvenes aspirantes a policía que lo piensen bien. "Si tienes el apoyo económico para estudiar en cualquier otro sitio, aprovéchalo". Hasta el momento, no guarda ningún rencor. Él agradece a quien lo apoya. "Deja en manos de Dios la situación". Siempre fue devoto porque sus padres se lo inculcaron. Siguió esa línea. "Todos los días me encomiendo. He enseñado el camino de la fe a mis hijos", asegura. Entonces, ¿la religión le ha ayudado en seis años de incertidumbre? "Sí, debo seguir luchando. Aún es difícil todo esto. No se soporta. He sido víctima una y otra vez de engaños y estafas, prometiéndome el ansiado hallazgo. Es una lucha incansable. Si uno tiene a su muerto, va y le reza. Acabó", afirma entre sollozos.

¿Cuántas veces las paredes de su hogar habrán sido salpicadas por rezos? En el libro de Deuteronomio 6:6-9 se puede encontrar los rotundos cimientos de perseverancia y reforzar la memoria. "Y estas palabras que yo te mando hoy, estarán sobre tu corazón; y las repetirás a tus hijos, y hablarás de ellas estando en tu casa, y andando por el camino, y al acostarte, y cuando te levantes. Y las atarás como una señal en tu mano, y estarán como frontales entre tus ojos; y las escribirás en los postes de tu casa, y en tus puertas", reza la Biblia. Afirma que no fue el padre que le habría gustado ser, y lo más triste es que cada día, en estos últimos seis años, espera encontrar a su hijo solo para tratar de rectificarse.

***

Dos días antes del conflicto en la selva, el mayor Bazán estaba en Lima de paso. Hacía una semana había sido comisionado al valle de los ríos Apurímac y Ene (VRAE). Había estado en Cajamarca para despedirse de su padre y de su abuela, y en Chiclayo para hacer lo mismo con su esposa y sus tres hijas. En tres meses volvería a verlos. Las últimas oraciones que escucharía de su hijo serían:

—Papá, me voy al VRAE con un montón de gente joven. Estos muchachos tienen entre 19 y 20 años. Sin experiencia. Es como si tuviera 300 o 400 hijos—le decía

—*Así es la vida, hijito. La vida te va dando experiencia*—contestaba el papá.

"Tres días nos reunimos con mi madre, mi nuera y mis hermanos. Tres días después, lo despedíamos en la agencia para que viajara a Lima. Cuando yo escuché su nombre en la lista de fallecidos de Bagua, pensé que era un error, porque creía que mi hijo estaba en el VRAE. Vino a despedirse porque le otorgaron ocho días de permiso. Se había presentado como voluntario", cuenta Bazán Caballero. Llamó a su nuera Silvia y confirmó que era cierto. "Agarré mi traje y ese mismo 5 de junio de 2009, me fui a Chiclayo a velar a mi hijo", recuerda. En octubre de ese año ascendía a comandante. Tenía cuatro años con el rango de mayor.

Pero el cuerpo no aparecía. Desesperado, viajó el 8 de junio a Bagua y terminó quedándose ahí por cuatro meses. "Todos los días salíamos a buscarlo, primero solos, luego con algunos policías, otra vez solos". Bazán Caballero y algunos policías de la comisaría de Bagua hacían recorridos por la selva tratando de buscar su cuerpo o tal vez recibir noticias de donde se refugió. En todo este tiempo, fueron pocos los efectivos especializados que acompañaron en la búsqueda junto a un helicóptero y un perro rescatista. "¿En qué momento se jodió el Perú? ¿Por qué el Ministerio del Interior, la entidad que condujo a la zona de conflicto no se hizo responsable de la búsqueda de su único hijo en primera instancia?", se preguntaba desamparado. No sería hasta 29 meses después, que el ministro del Interior, Óscar Valdés, le prometió que se buscaría a su hijo con un grupo especializado. Pero como la mayoría de promesas que ha recibido en los últimos años, no lo cumplieron.

***

Trece días después del enfrentamiento entre indígenas y policías en la selva amazónica, en entrevista exclusiva con *Radio Nederland*, la radio internacional de Holanda, Bazán Caballero dijo sentirse indignado con el alto mando de la Policía Nacional que le atribuyó responsabilidad a su hijo del trágico operativo policial. "Es una institución castrense donde hay disciplina y ¡se obedece! Aquí ha tenido que existir un plan de operaciones. Ese plan ha sido ejecutado con negligencia. Mi hijo no tenía por qué desviarse con siete hombres, en un lugar que ni siquiera conocía", exclama. Su mayor indignación e impotencia fue esa indiferencia del comando, del Gobierno y de la ministra del Interior de aquel entonces, Mercedes Cabanillas, que prometieron apoyo por aire y por tierra, y que solo se "lavaron las manos con los muertos". "Están echando la culpa a quien no puede responderle ni puede decir la verdad", declaró Bazán Caballero. Como dijo a los periodistas de la región, "quisiera que venga alguien a este lugar y vea si desde el día de la tragedia ha volado por lo menos un helicóptero o ha venido siquiera una persona extranjera especialista en búsquedas".

Entonces, sintió la ingratitud del poder, porque "para ellos no había pasado algo grave. *¿No son padres?* o *¿No sienten lo que para un padre es perder a un hijo? ¿Dónde está su empatía? Cuando uno iba a reclamar la búsqueda, viera como lloraban. ¿La plata salía de sus bolsillos? ¡No!* Esa era la obligación del Estado. Algunas veces me recibían, otras no. La indiferencia de los grados altos hacia los subalternos es increíble. *Jalan agua para su molino.* El personal en provincia ni siquiera posee un hospital. Los directores solo piensan en su riqueza. Quieren todo para ellos. Dicen algo y no lo cumplen. Es para llorar y yo he llorado bastante. *¿Qué puedo hacer con este sistema? ¿Qué se puede hacer?*"

Por estas declaraciones en junio pasado, días antes del Día del Padre, recibió una notificación del Poder Judicial peruano, en la que se le acusaba del delito de difamación. Mercedes Cabanillas, la ex ministra del Interior, lo querelló por considerar que ella, como jefa política de la Policía, no tenía ninguna responsabilidad en la masacre que llevó a la desaparición de su hijo. Para él, si lo llegan a condenar, será un reconocimiento a su lucha, una imagen más de cómo los políticos se lavan las manos manchadas de más sangre, más sudor y más lágrimas.

Vallita, la guerrera de paz

Clavel Rangel Jiménez

Dos hombres pasan en una moto con sus pistolas en la mano. Detienen a un muchacho, lo arrodillan sobre la pista y el *¡pam, pam!* retumba en la cuadra. Dos tiros en la cabeza y el cuerpo tendido sobre el asfalto como un muñeco roto.

Nadie dice nada, nadie se impresiona, salvo Vallita.

Vallita corre por las calles, sin dirección. El grito se le ahoga en llanto mientras sus pisadas firmes levantan el polvo de un camino de tierra alumbrado por postes improvisados y unidos por un enmarañado de cables.

Esa fue la primera vez que Del Valle Ruíz, conocida en su barrio de La Victoria como Vallita, vio a un muerto.

Eran las 7 de la noche de un día cualquiera y la penumbra sólo era penetrada por los desangelados bombillos colocados en postes al borde de la carretera.

Vallita no conocía personalmente a *El Manchao*, un delincuente juvenil que era el azote del barrio, pero la forma en que lo mataron la dejó sin voz. Ella siempre se queda en silencio cada vez que en su cabeza se amontonan los cientos de asesinatos que han ocurrido en su barrio. El recuerdo de cada muerte es como una película sin desenlace y los nombres de los caídos forman una lista con fechas confusas pero los rostros intactos.

Y cerro arriba, en La Victoria, uno de los barrios más violentos de Ciudad Guayana, en Venezuela, Vallita proyecta con un grito apagado una realidad que ha marcado sus días como una explosión en el alma.

***

San Félix y Puerto Ordaz conforman Ciudad Guayana. Unidas por un solo gobierno municipal y tres puentes, ésta se configura como una de las ciudades más jóvenes de Venezuela. Al este limita con San Félix, el viejo Puerto de Tablas en el que se gestó parte de la independencia del país; y por el oeste con Puerto Ordaz, pueblo que se fundó en la década de los sesenta. Ciudad Guayana se creaba como un experimento de metrópoli pensado para dar impulso a una ciudad anclada en dos puntos.

En la década de los noventa y mientras en Puerto Ordaz se construían urbanizaciones concebidas con servicios básicos, amplias carreteras y autopistas, en San Félix las invasiones -ocupaciones ilegales de terrenos- eran la forma de poblar. El déficit habitacional, uno de los históricos problemas de los venezolanos, era entonces una deuda de los gobiernos llamados "de la descentralización".

Hoy, Ciudad Guayana está plagada de comercios y plazas y, entre sus barrios de más reciente creación, se cuenta La Victoria. Para llegar a este arrabal es necesario recorrer dos largas avenidas que atraviesan las zonas más peligrosas de Ciudad Guayana. Las calles de La Victoria son de tierra y la modernidad ha ido llegando a este lugar al compás de protestas y enfrentamientos.

Son unos 10 minutos en automóvil. De 30 a 45 minutos a pie por caminos de tierra que poco a poco se transforma en asfalto hasta comenzar a divisar las primeras casas de La

Victoria que primero fueron de lata y cartón, y ahora lucen con adosados de concreto y zinc.

Vallita recuerda lo que vivió en el mes de agosto de 1991 como si fuese ayer.

En aquel momento ella era una ocupadora ilegal de unos terrenos de San Félix, donde más tarde se constituiría el barrio de Los Alacranes. Su hermano, César, vivía en aquel lugar. Él tenía 17 años y Vallita lo acompañó en su proyecto de establecerse en esas tierras repletas de casas de aluminio, latas, cartón y plástico.

Era el año en el que se iniciaba el gobierno de Andrés Velásquez, líder obrero dirigente de Causa Radical, el primero de los gobernadores de la era de la descentralización en Venezuela, y uno de los primeros emergentes al bipartidismo que caracterizó al país durante la segunda mitad del siglo XX.

Ciudad Guayana experimentaba en aquel momento una especie de empuje económico surgido a partir del proyecto denominado "Polo de Desarrollo", pensado por el Ministerio de Desarrollo de Venezuela de aquella época, con apoyo de la Universidad de Harvard y el Instituto Tecnológico de Massachusetts.

Y la modernidad llegó para trastornar con violencia la vida de Vallita.

Fue una semana intensa la del desalojo en Los Alacranes. La Guardia Nacional expulsó a los habitantes de los terrenos propiedad de la empresa estatal Corporación Venezolana de Guayana (CVG), que entre las décadas de los 60 y 90 se ocupó del desarrollo de la región.

"Ellos nos habían avisado que nos saliéramos. Mi hermano vivía allí y llevábamos tiempo en aquel lugar", dice Vallita.

Los policías se metieron con violencia en los terrenos y fueron tumbando rancho por rancho. Mientras las mujeres y los niños huían cargando sobre la espalda o con las dos manos todo lo que se podían llevar, los hombres respondían al desalojo con piedras.

"Para mí fue una cosa horrible -recuerda-. Hubo momentos que metieron una cuestión de aplanar y tumbaron los ranchos".

Vallita vio llorar a decenas de niños que tragaban arena bajo un sol picoso que se mezclaba con el sudor y el gas pimienta que arrojaba la policía.

Los enfrentamientos duraron varios días.

"Nosotros logramos escondernos en un barranco y allí metíamos a los niños para resguardarnos, porque lanzaban bombas lacrimógenas y perdigones".

Finalmente la población fue doblegada y comenzó el traslado. La gente de la Corporación Venezolana de Guayana cargaba en camiones a los pobladores de Los Alacranes. Vallita y su familia iban dando tumbos en la parte de atrás de uno de esos furgones rodeados de barandas de madera, el mismo en el que otras cuatro familias también se dirigían a su "nuevo hogar": La Victoria, una zona inhóspita sobre unas lomas húmedas, frías. Sin agua, sin luz y tampoco asfalto.

Las familias llegaban con sus colchones a cuestas y retazos de láminas de lata de sus antiguos ranchos. La primera noche armaron un campamento. Llovía.

Como pudieron, consiguieron armar unos toldos de plástico que se sostenían con trozos de madera y, bajo ese improvisado techo, se resguardaron las mujeres -casi todas menores de 20 años- con los bebés. En ese refugio se sentían como animales y la tristeza se hacía más pesada aún al ver a los niños que contraían fiebre y gripe.

"Uno se enfermó muy fuerte y a los tres días tuvimos que salir, pero nadie tenía carro para llevarlo a un hospital".

Durante los primeros meses las mujeres de la comunidad organizaron una rutina: a las 2 de la mañana se levantaban y caminaban hasta un río pequeño, Los Naranjos, que era el proveedor de agua para la comunidad. Era una travesía de 20 minutos. Iban descalzas, se lavaban allí los pies y entonces se calzaban para llegar a la carretera y abordar el transporte público para ir a trabajar.

"A veces eso nos daba risa -recuerda Vallita-. Era una situación muy fea". Y fea significa sin luz, sin agua, sin calles, sin viviendas, sin nada.

La falta de energía eléctrica resultaba, y resulta aún, una paradoja en Ciudad Guayana, ya que esta es la zona desde donde se genera la electricidad para más del 70 por ciento del territorio venezolano.

El 18 de diciembre de 1991 el gobierno municipal terminó las conexiones eléctricas y la luz llegó a La Victoria como regalo de Nochebuena. Meses después llegaría el agua.

Antes de aquel día, las reuniones de la naciente Asociación de Vecinos de La Victoria se llevaban a cabo en plena oscuridad y la convocatoria se hacía a grito pelado: "reunión, reunión, reunión".

La gente salía de los pequeños caseríos alumbrándose con velas que parecían luciérnagas que volaban dentro de las modestas carpas de plástico.

"Todo el mundo venía. ¿Sabe? Para ver qué era lo que íbamos a hacer".

La ocupación de La Victoria sumó casi 100 familias que se establecieron en 41 manzanas. La comunidad vivía prácticamente con las puertas abiertas y dormir era apacible pero con la modernidad -que se traduce en electricidad- también llegaron la violencia, las bandas armadas y la droga.

"Ese primer año aparecieron unos malandros. Fue como de repente, que comenzaron a robarse la ropa, las bombonas. Entonces comenzamos a organizarnos. Queríamos descubrir quiénes eran, por qué lo hacían".

***

Vallita tiene 42 años y cada episodio de su historia parece el recuento de muchas vidas. Dos, tres, cuatro.

Los ojos se le iluminan cuando habla de sus hijos en la pequeña habitación de su casa, donde las paredes aún conservan vestigios de aquella transición hacia la modernidad. Esas paredes, que primero fueron de lata y plástico, fueron sustituidas por piezas de bloques independientes, como la de ese cuarto en el que ha montado una peluquería. El espejo de la habitación es grande y en él se refleja esa calle que se ha convertido en un campo de batalla de las bandas de turno cuando se enfrentan en aquella esquina, frente a un terreno baldío y que hace las veces de muro de contención de sus rivalidades.

En el reflejo de ese espejo ella ha visto caer a muchos y también salvarse a otros. Y en esa misma superficie pulida se observa ella misma con su cabello recogido, lacio y teñido de castaño. Vallita mide poco más de metro y medio y no hay nadie en La Victoria que no la conozca.

Su tez, bruñida como la cubierta de una avellana, es producto de haber residido en el estado de Sucre, una comunidad pesquera de la costa venezolana. Una coloración que combina con sus ojos marrones claros, siempre abiertos y brillantes como un cristal de Swarovski.

Cuando nació le pusieron por nombre Del Valle, en honor a la Virgen del Valle, de la que son devotos en la zona donde se crió. Pero Del Valle es un nombre poco usual y por eso la empezaron a llamar Vallita, en diminutivo, con cariño.

Vallita creció en una casa humilde donde la educación era un valor, no por tradición, sino por la creencia de que sólo con estudios se puede vencer a la pobreza. Sus padres, César y Virgilia, nunca fueron a la escuela pero conscientes de su utilidad, alentaron a sus nueve hijos a que lo hicieran.

Vallita es la quinta de nueve hermanos. En La Victoria vivió junto a cuatro de ellos y en esa misma comunidad vio morir a un sobrino que estudiaba en una escuela católica a la que fue enviado huyendo precisamente de las violentas y estigmatizadas calles de Caracas, la capital de Venezuela, la segunda ciudad más violenta del mundo según el Consejo Ciudadano para la Seguridad Pública y la Justicia Penal A.C., de México.

En la ciudad de Entre Ríos, la más moderna de Venezuela, Vallita estudió una carrera técnica y cumplidos los 18 años llegó a Ciudad Guayana como una más de los muchos que en la década de los ochenta, alcanzaban las tierras del sur buscando un futuro.

Ciudad Guayana no sólo era la alternativa no petrolera de Venezuela, sino que experimentaba el crecimiento económico propio de la nacionalización del hierro, la construcción de fábricas de acero y de toda la industria primaria del país desarrollada a lo largo del río Caroní.

En la ciudad aprendió el oficio de ejecutiva comercial. También estudió Teología y se formó en Oratoria con el padre Sabino Izaguirre, un sacerdote jesuita que impulsó la educación popular en Venezuela con especial acento en Ciudad Guayana. Un modelo de educación que se desarrolló de la mano de Fe y Alegría, el famoso proyecto de otro cura, el padre José María Vélaz, y que se desplegó por toda la ruralidad venezolana con tal éxito que se replicó en varios países de la región.

Vallita se entusiasma al contar su historia. No reprime las palabras ni los episodios de su vida y, poco a poco, su relato se hace tan minucioso que es como si se pudieran ver en cada pausa, escenas de su vida administradas con toques de suspense.

Su testimonio es el de la historia de una Venezuela asediada por una violencia que ha disgregado a miles de familias, desplazado a otras y que es una de las principales razones del éxodo de 1.6 millones de venezolanos que entre 2000 y 2015 dejaron el país, según los estudios en tendencias migratorias del sociólogo de la Universidad Central de Venezuela, Iván de la Vega.

Con una tasa de homicidios de 82 por cada cien mil habitantes, la cifra ubica a Venezuela como el segundo país más violento del mundo, sólo por detrás de Honduras. Los datos pertenecen al Observatorio Venezolano de Violencia (OVV), una de las pocas organizaciones que hacen seguimiento de la violencia en Venezuela, a partir de las informaciones difundidas por los medios de comunicación del país.

El gobierno, en los últimos 15 años, se ha negado a dar cifras oficiales. En julio de 2015, durante el examen de derechos políticos y cívicos ante la ONU, el Fiscal General de la República, Luis Ortega Díaz, y por primera vez en el gobierno de la "Revolución Bolivariana", reconoció una tasa de 62 homicidios por cada cien mil habitantes. Este ha sido el reconocimiento más cercano a las cifras que manejan organizaciones independientes.

Pero a Vallita no le importan esos números. Le importa el rostro de Johan, su hijo; le importa la muerte de Goyito, de Pon, de Comepán, y de todos aquellos que antes de cumplir la mayoría de edad fueron sepultados sin razón y sin que nada les pasara a sus victimarios.

En Venezuela hay una tasa de impunidad del 91% de los homicidios.

Ese repunte de la violencia comenzó en 1998, coincidiendo con el ascenso al poder de Hugo Chávez, el mítico Comandante Presidente que hasta 2013 gobernó Venezuela con un proyecto político de corte socialista y personalista que, tras su muerte, ha continuado su sucesor: Nicolás Maduro.

"Eso fue como que si alguien les hubiera dicho: hagan lo que quieran. En ese momento comenzó el relajo. Fue como si les diesen libre albedrío. Si había que robar, robaban".

***

El Manchao fue el primer chaval que Vallita vio morir. Y de pronto, de tanto ver a vecinos y niños caer, decidió hacer algo. Ya no corría por las calles como aquella noche imborrable en su memoria. Ahora observaba la actuación de los grupos delictivos, de esas pequeñas bandas armadas de muchachitos que, envalentonados por la droga, se enfrentaban entre ellos y acechaban a la población.

La primera banda que conoció fueron Los Caraotas. No sabe en qué momento tomaron la decisión pero, de pronto, Vallita y tres de sus vecinas se convirtieron en mujeres de armas tomar: Francisca, Narelis y Maryury llegaron a La

Victoria en las mismas condiciones que Vallita y se hicieron amigas en la brega por construir la comunidad, por conseguir los servicios y, más tarde, por hacer de su barrio un territorio seguro para sus hijos.

"Esa fue una de las primeritas que conocimos. Los Caraotas. A nosotros nos inquietó porque se habían traído un camión de Masisa (una empresa transnacional maderera) y regalaron toda la mercancía a la gente del poblado. Nosotros lo que hacíamos era reírnos. "Robaban pero están trayendo al barrio", bromeábamos. Ellos defendían al barrio, pero había otros que por unos zapatos mataban y ultrajaban".

En La Victoria los enfrentamientos y robos se hicieron cosa de todos los días. Vallita y sus dos hijos se acostumbraron a dormir debajo del colchón y tapándose los oídos, sobre todo Johan, el más pequeño.

Una madrugada no aguantó más. Apenas salió el sol, Vallita le pidió a su esposo, Ytalo Monroy, que la acompañara a ir detrás de unos quejidos. Algo le decía que se trataba de la pareja de su vecina, un hombre joven que hacía poco había comenzado a vivir con la señora y que había venido de Caracas muy confiado en que, en un pueblo del interior, no mataban por zapatos o por error.

Aquel hombre había sido sorprendido por unos malandros y obligado a subirse a un enorme y viejo automóvil Malibú de color blanco. Luego se escucharon los disparos.

"Cuando llegamos vimos al muchacho. Le habían rajado la barriga. Le habían robado los zapatos. Lo rajaron a puñaladas y se le salieron las tripas. Aquello fue muy triste".

Cada episodio de violencia fue transformando a Vallita en quién no quería ser.

La voz se le iba, tenía ganas de correr, gritar, enfrentarse al mundo y, en ese proceso, eliminar a quién fuera que con violencia acabara con otra vida.

Es por eso que, quizá, le cuesta reconocer en quién se llegó a convertir.

Toma aire, titubea como si fuese a confesar un crimen y luego suelta: "No te voy a decir que buscábamos medios pacíficos. No te voy a mentir. Nosotros nos hicimos violentos también. Enfrentábamos a los malandros, a los arrechos".

Vallita se convirtió en líder de una "banda" integrada por mujeres de su poblado. Por cada asesinato y con la impotencia de no encontrar solución ella, junto con Francisca, Narelis y Maryury, comenzó a enfrentarse a las bandas.

"Tumbábamos casas. Le echábamos palos y tumbábamos a los malandros. En donde fuese que estuviesen metidos los sacábamos a la fuerza", dice. Y así, por breves instantes, lograban pacificar a La Victoria.

Con cada arremetida, Vallita se hacía un nombre entre los líderes de las bandas criminales que nacieron a partir de 1998 y que se multiplicaban tan rápido que, de pronto, se encontró rodeada por más de media docena de grupos criminales nacidos en el barrio: Los Manchas, Los Pipiolo, Los Cachirulos, Los Cochineros y los Caracas, todos parte de una red más grande conocida como Los 30-30, una banda famosa. En todo el territorio de San Félix Los 30-30 contaban con células que administraban el robo de vehículos, sicariato, tráfico de drogas y venta de armas.

Cuando algo pasaba en el barrio Vallita y sus lugartenientes -Francisca, Narelis y Maryury- se subían en una vieja camioneta pick up con la que se metían de retro en los ranchos de los malandros. Incursiones en las que les solía acompañar también Ytalo, su esposo, quién a los 38 años moriría de cáncer.

Vallita siempre portaba consigo una bácula: un arma larga artesanal que se utiliza en las barriadas. La guardaba debajo de su colchón y no dudaba en sacarla cuando tenía que socorrer a alguien de la comunidad.

Poco a poco, Vallita y sus compañeras se fueron ganando un nombre y un respeto a punta de intimidación.

La policía varias veces arremetió contra ellas porque no entendían.

"En vez de atacar a los que le quitaban la vida a nuestros chamos, nos venían a atacar a nosotras, y eso hizo que nos ganáramos como un respeto. Decían: son arrechas, son resteadas".

Después de cada enfrentamiento con los delincuentes Vallita seguía un ritual: alzaba la vista al cielo, pedía perdón y prometía enmendar. Pero cuando los malandros le quitaban la vida a un niño, la población que más padece por la violencia en el país, ella olvidaba su penitencia y se tornaba aún más violenta.

En Venezuela el homicidio es la primera causa de muerte para los varones de entre 15 a 24 años, según precisa la Encuesta Nacional de Victimización y Percepción de Seguridad Ciudadana, desarrollada por el Instituto Estadístico Oficial en 2009. Dentro de ese grupo, el 83% de las víctimas provienen de sectores urbanos en precariedad.

"Un día dijimos: esta vaina se va acabar, vamos a matar, vamos a amarrarlos de los postes, decíamos".

Son tantas las veces que Vallita se enfrentó cara a cara al miedo, que lo perdió. Una mañana, cuando su hijo Johan iba a la escuela, tuvo un presentimiento. Lo salió a ver a la puerta de su casa y allí estaba él, en una esquina esperando el autobús pero, como no pasaba, se vio obligado a caminar a otra parada, al otro extremo de la barriada.

Mientras su hijo caminaba, detrás de él iban dos adolescentes armados. Le gritó que corriera, que el bus lo dejaría, sin advertirle de los muchachos que le perseguían.

Fue una maniobra arriesgada, reconoce, pero nunca ha querido formar a sus hijos en el miedo. Aun así, su instinto no impidió que a Johan lo asaltaran y le quitaran el teléfono celular a su regreso de la escuela. Lo habían estado esperando.

Vallita caminó, armada, tres cuadras. Entró a la guarida de zinc y piso de tierra. Delante suyo una mesa de plástico, un estante y decenas de teléfonos robados.

"Les dije: denme el teléfono de mi chamo. Me llevaron hasta la guarida de la banda de Los 30-30. Ellos nos respetaban. Decían de nosotras que "jalábamos balas". Tú no me vas a creer, pero no habían pasado ni 30 minutos y esa gente había transformado el teléfono de mi hijo y se lo entregaron reparado. Al irme les dije: si algo le pasa a mi chamo, a ustedes no les va a quedar cerebro para contarlo. Ni las láminas de zinc van a decir: aquí vivía".

Otro día Vallita conversaba con unos vecinos en la acera donde la comunidad estilaba reunirse por las noches. Se escuchan gritos. Se ve gente partir a la carrera.

Eddy, un azote del barrio, arrastraba a un muchacho. Lo aprisionaba con un cuchillo en el cuello, la sangre empezaba a brotar de la herida. Todos miraban aquella escena en el centro de la calle de tierra, mientras Vallita se arrodillaba y le rogaba que no lo matara.

"Por el amor a Cristo, no lo mates. No lo hagas, Eddy, no mates a ese niño. En el nombre de Cristo, no lo hagas".

Vallita recuerda la expresión del muchacho. Estaba sorprendido porque le llamaba por su nombre y fue justo eso lo que hizo que la víctima se zafase y echara correr. Eddy fue uno de los primeros enemigos que se ganó en el barrio.

***

Al mismo tiempo que Vallita llevaba a cabo su "guerra" personal, empezó a descubrir nuevas formas de poder ayudar a su comunidad de la mano de un sacerdote que llegó al barrio proveniente de una congregación Salvatoriana. El padre Fernando López le enseñó a ella, y a otras mujeres, la importancia de enamorarse de su comunidad bajo la idea de que toda la vecindad era de ellas y de que cada muchacho del barrio no sólo era el hijo de sus vecinos, sino también suyo.

"Nos metió en muchos sitios para que nos formáramos como líderes, porque nosotros solo entendíamos de violencia".

Fue en ese proceso que Vallita conoció a la profesora Luisa Pernalete.

Luisa es una entusiasta maestra dedicada a la educación popular, autora del libro *"Conversaciones sobre la violencia y la paz. Una invitación a la convivencia pacífica"*, una especie de testimonio sobre cómo combatir la violencia comunitaria.

Delgada, alta, blanca, de cabello canoso, Luisa ha dedicado más de la mitad de su medio siglo de vida a formar jóvenes de barriadas populares. También organiza parrandones, una tradición musical navideña en la que con tambor y cuatro se le canta al pesebre; y semanalmente escribe una columna en la prensa nacional, en la que cuenta historias optimistas de superación de la violencia, y de la convivencia en comunidades golpeadas por el abuso.

Pernalete, que por su trabajo recibió el Premio de Derechos Humanos 2012 que entrega la Embajada de Canadá y el Centro para la Paz y los Derechos Humanos Padre Luis María Olaso de la Universidad Central de Venezuela, conoció Ciudad Guayana cuando fue nombrada directora de las escuelas Fe y Alegría en la región, labor que desempeñó durante 13 años.

Luego se encargaría del "Centro de Formación e Investigación Padre Joaquín", de Fe y Alegría y desde allí comenzó a enseñar que para vencer a la violencia había que trabajar con la paz, pero desde otros ámbitos, como el de las Madres Promotoras de Paz, a quienes ella cariñosamente llama *comadres.*

Las Madres Promotoras de Paz es un proyecto que partió de la idea que la violencia no era un asunto de pobreza. Entre los años 2004 al 2006 la pobreza en Venezuela se redujo de 29.6% al 22.9%, según el Instituto Nacional de Estadística (INE), mas no así los índices de violencia. Y el Observatorio de Violencia apuntó a la impunidad como una de las principales causas del incremento de los índices delictivos y que aunado al desempleo y la tasa de informalidad de más del 40%, hacen una combinación letal.

"Yo creo que lo que más influye es la impunidad. Eso modela. Si en el barrio se sabe que el delincuente de la esquina está suelto y no es castigado, eso sirve de ejemplo a los adolescentes", declaró Pernalete al diario El Nacional, y esas palabras llegaron hasta las madres del barrio de La Victoria.

Cuando Luisa y Vallita se conocieron, la educadora vio en su historia de vida un ejemplo de hasta donde se puede llegar para enfrentar la violencia con más violencia pero, al mismo tiempo, vislumbró un potencial enorme en ella.

Las mujeres que comenzaron a formar parte del proyecto auspiciado por Pernalete, entre ellas Vallita, tienen historias en común. Edelmira Ademán, por ejemplo, fue una de las primeras en llegar a La Victoria y la vida en esa comunidad le enseñó tanto a esquivar balas como a calcular los 15 minutos que, comprobadamente, duran las balaceras en su calle.

"Hay que agacharse cuando eso pasa", recomienda Edelmira, una mujer pequeña y de contextura gruesa, cabello lacio negro, tez blanca, de unos 40 años, que ayuda a la Organización también desde la parroquia.

Zulay Rodríguez llegó en 1997 al barrio y unos meses después, en enero del 98, le mataron a su hijo de 16 años a una cuadra de su casa. Yerson Allende. Así se llamaba el hijo de Zulay que una mañana quedó atrapado detrás de uno de los ranchos, perseguido por dos hombres que le acusaban de haberse metido en donde nadie lo llamaba. Yerson había intentado auxiliar a una señora a la que habían robado y eso es pecado en el barrio. Zulay, una mujer morena, delgada, con ojos vidriosos, mayor de 60 años, recuerda claramente lo grande que era el charco de sangre en el que quedó su hijo, destrozado a machetazos. Cuando Zulay, embarazada, llegó a ver a su hijo sintió que la vida se le iba como todo lo demás: a los tres meses perdió a quien sería su tercer hijo y, hace pocos meses, a su esposo.

De las tres "compinches" de Vallita, sólo Narelis se sumó a las Madres Promotoras de Paz. Francisca se mudó al pueblo petrolero de El Tigre, ubicado a unas cuatro horas en coche de Ciudad Guayana, y Maryury, aunque no forma parte de las promotoras, sigue de cerca las actividades que realizan pero sin involucrarse demasiado ya que vive temerosa de que algo pueda pasarle a ella y a su familia después de sus correrías justicieras.

***

En julio de 2009 la gente de La Victoria estaba eufórica. Elvis Hernández se graduaba de abogado. Era una fiesta de todos porque él era el primer profesional nacido en el barrio y el triunfo se asemejaba a esa canción religiosa que con frecuencia entonaban.

> *Odio, guerra, cuanto llanto, rabia, miedo y tanto dolor.*
> *Cuándo va a reír esta tierra, cuándo va a triunfar el amor, cuándo va a triunfar La Victoria, y cuándo va a triunfar el amor.*

Elvis era quien ayudaba a la comunidad cuando se necesitaban resolver diligencias legales con el Gobierno: era el gestor cuando alguien del barrio se metía en problemas y el defensor cuando había que actuar ante alguna autoridad municipal.

Esa madrugada Vallita recuerda haberse despertado con los disparos. La noticia corrió por las calles a las 5 de la mañana: la nueva víctima era Elvis.

Eso desbordó su paciencia. Tomó sus cosas, corrió hasta el módulo de salud, en una barriada contigua, pero no había nada que hacer. Elvis había recibido tres tiros en el pecho y el barrio, que tanto celebraba su triunfo, volvía a vestirse de luto.

Entonces la gente empezó a correr por las calles. Con aerosoles escribían en todas las paredes del barrio. Era una veintena de personas que con grandes letras exigían: "Fuera Los Manchas, fuera Los Cachirulos", las bandas más conocidas y peligrosas.

"Tumbamos ranchos, tumbamos muchas cosas, mucha violencia, mucha desesperanza", dice Vallita.

Así fue como entró desesperada a la guarida de Los Manchas y los amenazó de muerte. Al salir de allí se fue directa hasta la iglesia de donde tomó un megáfono.

— ¿Para dónde vas Vallita?— le preguntó una monja, la hermana Concha.

—Voy a gritar por las calles, voy a gritar. Aunque sea sola. Ya no aguantó más.

Las hermanas religiosas que vivían en la parroquia se unieron a ella y, sin darse cuenta, Vallita era seguida por una muchedumbre que la acompañaba mientras ella se dejaba la garganta. Montaron en una carreta una batería de automóvil y caminaron arrastrando aquel equipo por las calles exigiendo paz y libertad.

Gritó tanto y con tanta vehemencia que, de pronto, sentía fulgores de justicia.

Acumulaba rabia hacia sus vecinos que callaban ante cada homicidio. Les gritaba sobre sus sentimientos, sobre la posibilidad de que otro hijo de la cuadra cayera víctima, que alguien tenía que escucharles y que, más que el Gobierno, le correspondía a la comunidad actuar.

La noche pasó y el nuevo día amaneció caluroso. Decenas de personas caminaban detrás de Vallita acompañándola y así llegaron hasta la zona donde estaban Los Cachirulos, los responsables de la muerte de Elvis.

"¿Ustedes no tienen alma? Sólo Dios es dueño y señor de nuestras vidas. Ustedes no son nadie para quitarle la vida a nadie. Quitaron una vida pero van a nacer miles, porque va a llegar un día que nuestra Victoria va a ser para nosotros".

Esa primera marcha, en noviembre de 2009, fue el nacimiento de lo que seis años después se acabaría conociendo como la *Marcha por la Paz de La Victoria*, la única comunidad en Ciudad Guayana que multitudinariamente dedica un día del año a cantarle a la paz y a la lucha contra la violencia.

Una marcha que ahora encabezan las Madres Promotoras de Paz.

A partir de esa experiencia y después de hacer varios talleres con Luisa Pernalete, Vallita hizo de la paz su bandera para desarticular bandas armadas y la prueba más dura la vivió cuando en diciembre de 2009 mataron a su sobrino Edwin, de 27 años.

Edwin Moreno trabajaba con el grupo de promotores de la iglesia del barrio. Aquella noche conversaba con unos amigos frente a su casa cuando otro muchacho, armado, llegó a robarles el celular. Les quitaron todo. El ladrón se iba con el botín pero se detuvo y se volteó hacia Edwin.

"Para que no digas nada", le dijo antes de dispararle en el pecho.

La reacción de la comunidad fue la esperada. A las 8 de la noche llenaron pimpinas de gasolina, hicieron antorchas y se plantaron frente a la casa de Vallita a la espera de hacer justicia.

Pero no se hizo *esa* justicia.

Vallita salió de su casa y frente a la muchedumbre se arrodilló y pidió que, por el amor a Dios, no se enfrentaran más.

Aún se estremece al revivir esta historia porque recuerda muy vívido el reclamo de su familia: los reproches de su hermana, el llanto amargo de la comunidad, la impotencia contenida en esa noche calurosa.

"¿Cómo es que yo había salido a hacer justicia por tantos y no por mi sobrino? Eso me lo preguntaban con rabia".

Tres días después del crimen, la comunidad organizó el primer campamento vacacional autogestionado. Repetía, como un mantra, que mientras se llevaban una vida nacían 150 sonrisas más como las que en esos días se multiplicaban en el campamento.

El entierro de Edwin estuvo acompañado por globos. La prensa, que asistió a esa nueva marcha por la paz, dejó constancia de aquel episodio.

***

"Mamá es una mujer incansable. Ella lo dejó todo por nosotros".

Vallita, que se ha enfrentado a muchachos armados, que ha tumbado guaridas de delincuentes a la fuerza, que ha marchado por la paz, no comprende cómo las madres sueltan a la suerte a sus hijos, sin más ni más.

La voz se le quiebra y se le va haciendo ronca cuando habla de su relación con su madre, Virgilia, a la que admira profundamente.

— ¿Qué te da sentimiento?—pregunto.

— Es que yo quisiera que todas las madres fueran como ella. Que desbordaran tanto amor por sus hijos— responde entre lágrimas.

Los rumores sobre los *líos* en los que se ha metido Vallita han llegado hasta la costa, al extremo de Irapa, donde reside su familia.

Desde allí el miedo es el de ella, pero también el de su madre.

"Mi mamá me llama y me dice: Del Valle, yo tengo miedo. Tengo miedo. No hagas nada, sigue tu broma pero no te metas en esto hija, porque el miedo más grande que tengo ahora es que una bala te vaya a quitar la vida. Y yo le digo a ella que nacimos para morir, pero nadie sabe la forma en cómo uno vive aquí en este barrio".

Hace unos meses Vallita se cuestionó. Bastante se lo había dicho su madre y también sus hijos, que estar en una comunidad que no agradece, que no se resiste a la violencia, puede que sea letal. Pero ella persevera.

"Todavía no podemos callarnos. Uno vive con esa esperanza de que algún día nosotros vayamos a reinar en La Victoria. Mis hijos me dicen: mamá, todos los días dices lo mismo".

***

Es sábado y hay una docena de jóvenes que cortan el monte, queman la basura y pintan la iglesia mientras escuchan música religiosa. La mitad de las calles siguen siendo de tierra y el barrio sigue en expansión con casas de lata y plástico.

Hace más de un año que no tenían un párroco porque nadie se atrevía a llegar hasta La Victoria. Los últimos sacerdotes han sido corridos a punta de robos, amenazas y persecución.

Entre esos muchachos que limpian la parroquia está Yoandry: alto, rubio, con ortodoncia, que aparenta mucho más de los 20 años que registra su partida de nacimiento. Los jóvenes son la población más numerosa en el país y también la más vulnerable.

Para estar allí, en la iglesia, han tenido que pedir permiso a la banda del sector.

"Ellos creen que yo camino de mi cuadra hasta acá para llevarles información a la banda contraria. Y no es así, pero ellos no entienden", dice el muchacho.

En La Victoria hay una especie de regla tácita: los varones no pueden transitar libremente por las 41 manzanas que componen la comunidad y que se han repartido las bandas integradas por menores de edad.

Vallita habló y consiguió para Yoandry el permiso para llegar a la iglesia y colaborar como animador en las actividades que allí se organizan con los niños.

— ¿No tienes miedo de estar aquí?—pregunto al muchacho.

—Es que Vallita es la que nos ha llevado. Ella es la guerrera, la que se ha enfrentado y nos ha enseñado a no tenerles miedo porque si no, no pudiésemos hacer nada.

Es fin de semana y la comunidad celebra que el padre Oscar Anaya ha decidido ocuparse de las misas dominicales. Él es un sacerdote joven, recién ordenado, que años atrás ya había trabajado en La Victoria. Él vive en un barrio contiguo. Hace unos meses unos delincuentes se llevaron de la casa parroquial el carro de la comunidad Salvatoriana, un Jeep que, según los malandros, era "prestado" para trabajar en las minas de oro, al sur del Estado, uno de los focos de violencia más peligrosos de la región.

Por eso ahora el padre prefiere caminar. Cada vez que le toca venir a la parroquia lo hace caminando para que le conozcan. Sabe que no es un terreno fácil ya que a veces, cuenta, ha tenido que hacer una pausa durante la misa porque una balacera interrumpe la eucaristía. Los ventanales sin cristales de la iglesia dan cuenta de esa violencia.

El joven padre Anaya ha decidido sumarse a la pacificación y trabajar con las Madres Promotoras de Paz. Uno de los últimos talleres a los que han convocado a los jóvenes de la localidad es el de barbería, y han tenido que separar las clases por sectores porque para algunos muchachos cruzar de una calle a otra puede ser su sentencia de muerte.

***

Las paredes de la iglesia de San Pedro Claver tienen marcas que se asemejan a las heridas de un moribundo. El templo es amplio, de techo alto y blanco, arquitectura que simula un Arca de Noé pero partida a la mitad: con cinco salones dispuestos para la enseñanza, una casa para monjas y un parque.

Justo encima de la imagen de Cristo crucificado hay un vitral de colores por el que entra la luz y que está roto por las piedras que durante la misa lanzan los muchachos del barrio para sabotear el ritual.

Ese templo agujereado por las balaceras fue el lugar donde, en 2012, Vallita se reunió con Chander, un gordito moreno, de estatura media, y que es uno de los más sanguinarios delincuentes juveniles que han pasado por el barrio de La Victoria.

A Vallita se le eriza la piel cuando recuerda aquel encuentro.

El padre Mario, el párroco de turno, la acompañó para tratar de persuadir a las bandas y que cesaran los reclutamientos de menores de edad. Aquel fin de semana en el que Chander aceptó el encuentro, llegó acompañado con dos muchachos armados y los rostros tapados.

"Nosotros sabíamos que de esa manera, quizá, podíamos hacerles entender que al hacerle daño a esos niños se lo hacían a ellos también".

Vallita no sabe si aquella conversación dio los frutos que esperaba pero sí que automáticamente se había ganado el respeto de Chander. Él se lo dijo aquella mañana frente a la iglesia donde, sentados con una mesa de plástico verde de por medio, sostuvieron aquella conversación.

"Usted es una dura, Vallita", le dijo Chander.

Pero a Vallita eso no le enorgullece. Tampoco confía. Sabe que la droga que abunda en el sector nubla la mente de los muchachos, los hace desconocer incluso a la familia y son capaces de cualquier cosa.

Pese al trabajo intenso que se hace en la comunidad los hechos sanguinarios no cesan, ni hay responsables y las armas se multiplican como los arbustos que crecen desordenados en los alrededores de la parroquia. Y aunque Vallita se repite a sí misma, como un mantra, que en 30 años en La Victoria habrá paz, ella teme por sus hijos, que puedan ser blancos de la venganza. Johan, el mayor, le ha insistido en abandonar el barrio y buscar un mejor lugar, sin tanta delincuencia, en el que puedan vivir sin la zozobra de imaginarse un día muertos sin que nada ocurra. Quizá únicamente una reseña en la página de sucesos de algún periódico local.

Pese a la docena de planes de lucha contra la delincuencia promovidos por el Gobierno de Venezuela entre los años 2000 y 2015, los índices de violencia siguen en ascenso como pasa en La Victoria, donde la policía se confiesa indefensa ante las bandas que portan armas que duplican la potencia de las asignadas a las comisarias.

La Comisión Presidencial para el Control de Armas, Municiones y el Desarme, creada en 2011, calcula que en Venezuela hay entre 1,2 y 1,5 millones de armas ilegales de fácil comercialización en las barriadas del país, muchísimas de ellas de guerra.

En las barriadas las sedes policiales son unas casas pequeñas, ubicadas cerca de alguna escuela y que sirven de recepción de denuncias y, al mismo tiempo, en el lugar donde algunos malos efectivos se alían con la delincuencia.

Hace tres meses Vallita supo que Chander había salido del Centro Penitenciario de Ciudad Bolívar. Más conocida como cárcel de "Vista Hermosa", éste es uno de los centros de reclusión más peligrosos en Venezuela, gobernado por reclusos que se organizan en una especie de Para-Estado llamado "Pran" y con un número de internos que duplican su capacidad, lo que hace que pagar por salir del encierro sea caro pero fácil.

"Yo no lo he visto, pero ya sabemos que anda por allí", dice.

Desde que Vallita recibió la noticia, más de una vez, ha pensando en buscar un spray y en la pared de su casa escribir en letras bien grandes: SE VENDE.

Está cansada, tiene miedo y desesperanza.

***

Es una mañana de agosto y en la puerta de la casa de Vallita se presenta un muchacho. Se llama Jorman. Es de estatura mediana, flaco y moreno. Calza unas sandalias y viste una camiseta vieja de color naranja. Él es uno de los chicos que desertó de una de las bandas y hoy asiste a uno de los cursos que dirige Vallita.

Con un par de máquinas de afeitar ella está enseñando a varios muchachos el oficio de barbero para que así se puedan ganar el sustento y, a la vez, mantenerse lejos del hampa.

El muchacho está parado allí, en la puerta.

Y entonces se repite la rutina de todas las semanas: Vallita saca las tijeras y las máquinas de afeitar que le han prestado. Se sientan en la calle en sillas de plástico y, paso a paso, le explica cómo es que se hace uno de esos cortes de pelo que le gustan a los jóvenes del barrio y que han puesto de moda futbolistas y cantantes de reguetón.

Con las cuchillas en la mano, Vallita, una vez más, aplaza sus planes de huir de La Victoria.

En busca de la Chinkana perdida

Nilton Torres Varillas

La tenue luminosidad que alumbra la catacumba se filtra por la abertura que había estado protegida por una centenaria portezuela de madera.

En medio de la oscuridad y cuando se han adaptado a la falta de luz, los hombres miran a su alrededor: el techo abovedado de la cripta y las paredes de ladrillos achatados denotan el trabajo de los albañiles del tiempo de la colonia.

Es una mañana de octubre de 1982 y solo veinte minutos antes de estar en aquel subterráneo, Anselm Pi Rambla y Francesc Serrat han tocado a la puerta del cusqueño convento de Santo Domingo, templo cristiano construido entre los siglos XVI y XVII sobre los cimientos del Coricancha, el más importante y fastuoso oratorio dedicado al dios Sol de la que fue la capital del imperio incaico.

El sacerdote de inmaculado hábito blanco que responde a la llamada se identifica como el prior de los dominicos cusqueños.

—Padre, somos unos españoles que estamos haciendo unas filmaciones en Sacsayhuamán y veníamos a preguntar si saben algo de eso que cuentan las tradiciones: que existen unos túneles que unen el Coricancha con la fortaleza donde estamos trabajando. Eso que llaman Chinkana.

—Sí, es cierto.

Anselm y Francesc intercambian miradas y aún no salen de su asombro cuando el sacerdote ya les ha abierto la puerta y les pide que lo acompañen.

En silencio atraviesan el claustro e ingresan a la iglesia.

Aún no es mediodía y el santuario está cerrado a los fieles.

Dentro del templo se revela frente a ellos la nave central y el altar mayor. El dominico los conduce hacia el lateral derecho de la iglesia y se detiene frente a un discreto retablo.

—Ayúdenme—dice el clérigo.

Entre los tres mueven el pequeño altar que está pegado a la pared de la iglesia y al quitar la añosa alfombra que tiene debajo, ven una trampilla de madera que se confunde con el piso del resto del templo. Lo único que la delata es la aldaba que casi se ha fundido con el tablón.

Tiran del herrumbroso aro de metal, pero la puerta no se mueve.

—Hace más de cuarenta años que no se abre esto—dice el dominico.

—Padre, ¿tiene usted una palanca, algo con lo que podamos hacer fuerza?

El sacerdote desaparece y vuelve rápidamente con una barra de hierro.

La puerta cede de inmediato.

A sus pies aparece una estrecha escalera de piedra y la entrada permite el paso de una persona a la vez. Conforme descienden por los constreñidos escalones, observan lo bien conservado que está el lugar y notan también que hace mucho que nadie ha entrado, ya que las únicas huellas que se marcan sobre la capa de polvo acumulada en el piso son las de ellos.

—Francesc, dame la linterna.

Anselm ilumina el habitáculo y al mirar hacia su lado derecho divisa, oculta por la oscuridad, una discreta entrada a un vestíbulo mucho más pequeño donde la construcción colonial da paso a una estructura de bloques de piedra que terminan en una puerta trapezoidal tapiada con ladrillos de albañilería. Al tocarlos notan que algunos están flojos y los retiran cuidadosamente, dejando una abertura a la altura de sus cabezas.

Con la linterna alumbran el interior y lo que ven los deja estupefactos: un pasadizo que se pierde en la oscuridad, de paredes semejantes a esos bloques angulosos y de color ocre oscuro con los que los incas construyeron sus templos y recintos, y cuyos restos aún se conservan en la ciudad del Cusco.

Al dirigir el haz de luz hacia la penumbra, este se desvanece, no toca fondo.

— ¿Es esta la chinkana de los mitos?—pregunta Anselm.

—Esta es la chinkana—responde el sacerdote.

Los españoles contemplan absortos esa galería subterránea que, según la tradición oral andina, sirvió no solo para esconder los tesoros del Coricancha de la ambición de los conquistadores, también formaría parte de esa red de túneles que, se dice, se extiende por todo lo que fue el imperio de los incas y más allá.

—Padre, el equipo de filmación que tengo en Sacsayhuamán lo puedo trasladar aquí y entramos—dice Anselm sin disimular su emoción.

La buena disposición del sacerdote se altera. Su rostro se transfigura.

—Señor, usted ha sido un privilegiado al ver esto, pero hasta aquí nomás.

Anselm y Francesc insisten mientras el sacerdote los conduce fuera de la cripta. Cierran la portezuela, colocan la alfombra y el altar tal como los encontraron y ya en la puerta de la calle el dominico les habla con un rictus imperturbable.

—Yo no les voy a dejar romper esa pared y les aviso que aquí ustedes no vuelven a entrar jamás.

***

La casa de Anselm Pi Rambla fue alguna vez uno de los graneros del pueblo de Ullastret, localidad ubicada a 35 minutos por carretera de Girona, capital de una de las cuatro provincias que conforman la Comunidad Autónoma de Cataluña, en España. Un pueblo de 287 habitantes que parece detenido en el tiempo: callejuelas empedradas, muros medievales y una iglesia que data del siglo XI.

Es una mañana de noviembre, fría.

Vestido con un pantalón de pana oscuro, camisa celeste y un chaleco acolchado color azul, Anselm atiza el fuego de la chimenea del salón y, mientras remueve los leños que están al rojo vivo, recuerda aquel episodio del convento de Santo Domingo.

"El sacerdote se acojonó. Primero le ganó la curiosidad, porque nunca había bajado a la cripta, pero cuando le dije para filmar se habrá dicho: si estos dos vuelven con cámaras aquí se monta un show que no veas".

Anselm es un hombre de rostro distinguido. No es muy alto y su melena plateada que le llega hasta los hombros, hace juego con su blanca barba de candado.

El chalet, aunque es moderno, está construido siguiendo el estilo del pueblo: paredes rústicas de piedra vista, varias estancias y un amplio salón con una escalera que comunica con el altillo donde está el dormitorio principal.

Debajo de la escalinata hay un mueble de color blanco, un archivador donde Anselm guarda gran cantidad de documentos, escritos personales y cintas Betacam, donde han quedado registrados los detalles de lo que fueron sus investigaciones en los años ochenta cuando, acompañado de un grupo de aventureros y de su familia -esposa y cuatro hijos pequeños-, llegó al Perú tras cruzar el Atlántico en un velero en el que se embarcó para ir tras lo que él define como: "los grandes misterios de la humanidad".

Anselm Pi Rambla tiene 65 años y lleva la mitad de su vida inmerso en la tarea de encontrar las pistas que lo guíen hacia los restos de una cultura madre original, y de esa urbe sacra cuya existencia se consigna desde hace siglos en las tradiciones del mundo oriental y occidental con diferentes nombres: Shambhala, Paititi, Atlántida.

**

Anselm Pi Rambla nació el 5 de marzo de 1950 en Terrassa, un municipio ubicado a 30 kilómetros de Barcelona. Una ciudad que al amparo de la revolución industrial se desarrolló como un importante centro fabril dedicado principalmente al textil. Es hijo de Josefina Rambla y de Josep Pi Maseras, un destacado hombre de negocios y propietario de varias empresas dedicadas a la fabricación y comercialización de ropa para niños y adolescentes.

Junto con su hermano menor, Miguel, Anselm creció al amparo de una familia importante y acomodada.

Ingresó a estudiar Ciencias Económicas en la Universidad de Barcelona, pero no acabó la carrera. En 1972 se casó con María Teresa Peret, su novia desde que él tenía 18 años y ella 15.

Anselm y María Teresa se conocieron en el colegio y desde que lo vio, dice ella, supo que quería estar siempre con él. De cabellos negros y lacios en los que apenas se asoman algunas hebras plateadas, María Teresa es una mujer gentil, elegante y de poco hablar.

—Siempre he apoyado a Anselm y cuando soy más feliz, es cuando él está haciendo lo que le gusta. Así ha sido desde que pasó lo de Roses y comenzó su interés por los enigmas.

— ¿Qué pasó en Roses?

—Un año antes de que nos casáramos, en marzo de 1971, Anselm hacía el servicio militar en la base de Roses y vio el ovni.

***

La base de Roses, cuyo nombre oficial es Escuadrón de Vigilancia Aérea n°4 (EVA 4), es una instalación militar establecida a finales de los años cincuenta como unidad conjunta entre la Fuerza Aérea de los Estados Unidos y el Ejército del Aire español. Ubicada en el municipio de Roses, en Girona, su función es vigilar el espacio aéreo a través de dos radares que están cubiertos por unas estructuras esféricas que los hacen ver como dos gigantescas pelotas de golf.

La noche del 25 de marzo de 1971 ocurrió un suceso no reconocido por el Ministerio de Defensa español, pero que sí se ha reseñado y divulgado en infinidad de publicaciones, páginas webs y programas de radio y televisión dedicados al tema Ovni y lo sobrenatural.

Aquella noche, un grupo de militares acantonados en esa base afirman haber sido testigos de la aparición de un objeto volador no identificado, un ovni, que estuvo durante varios minutos sobrevolando los radares.

"Lo vimos todos los que estuvimos allí -dice Anselm-. Era un objeto plateado, luminoso, de aspecto ovalado. Apareció encima de los radares para luego perderse a una gran velocidad en el cielo. Quedé impactado".

***

El primer hijo que tuvieron Anselm y María Teresa fue Eduardo. Pocos años después nacieron Marta y Álex.

Durante los años setenta Anselm trabajó en diversos ámbitos: fue programador en una empresa informática de Barcelona y también se interesó en el textil, consiguiendo un puesto como diseñador industrial para Antonio Miró, uno de los mejores diseñadores de moda de España.

En 1978 Josep Pi sufrió dos infartos y le pidió a su hijo mayor que se hiciera cargo de las empresas de la familia.

"Era la primera vez que él me pedía un favor de esta naturaleza. No podía negarme".

Durante mucho tiempo Anselm llevó una vida doble: en el día se ocupaba de los asuntos empresariales y durante la noche su mente trabajaba tratando de entender qué era lo que había visto aquella noche sobre el cielo de la base militar. Leyó libros, se vinculó con gente que decía haber vivido ese tipo de experiencias, y también con algunos que afirmaban ser especialistas en el tema.

"Mientras más escuchaba sus historias y teorías, menos claro lo tenía. Lo que decían no me cuadraba. Todo eran especulaciones".

Decepcionado, optó por formarse autodidácticamente en temas científicos y académicos: filosofía, astronomía, simbología, arqueoastronomía; también culturas antiguas orientales y precolombinas.

María Teresa recuerda a su marido pasándose las noches en vela y rodeado de libros.

"Cada noche llegaba y se ponía a leer, leer y leer. A veces solo dormía unas cuantas horas, y cuando amanecía se iba a trabajar".

De los libros dio el salto a la investigación en terreno y empezó visitando a los ermitaños de Montserrat, unos monjes que llevaban una vida eremítica en las cuevas cercanas al monasterio de Nuestra Señora de Montserrat, en Cataluña. Y también recorrió la ruta de los cátaros que atraviesa los Pirineos de España hacia Francia.

"En 1980 hubo un encuentro de lamas tibetanos en Lyon (Francia) y allí conocí a Kalou Kempo Rimpoché, un maestro del Dalai Lama. Me fui a la India, al monasterio de Sonada, invitado por él. Allí supe de Shambhala y comenzaron mis problemas."

Anselm había también entablado amistad con Andreas Faber Kaiser, quien fue uno de los más respetados ufólogos españoles, conductor de sintonizados programas de radio y fundador de la revista Mundo Desconocido; y con Erich von Däniken, otro famoso nombre vinculado a los temas esotéricos y las culturas antiguas. Un autor suizo controvertido por sus teorías, que vendió más de sesenta millones de ejemplares de 26 libros que han sido traducidos a 32 idiomas.

"En la india profundicé tanto con los lamas que conocí cosas muy secretas y entonces decidí ir a buscar esos signos que están desperdigados por el mundo. Y lo iba a hacer por mar, en un barco".

Entre Anselm y María Teresa hay una complicidad que se basa en las miradas. Esa misma que se cruza entre ellos cuando él dice que aunque tenían dinero, casas, coches, y su vida asegurada al dirigir las empresas familiares, debía seguir su camino.

—Papá, me voy. Dejo la fábrica.

— ¿Estás loco? ¿A qué te vas a dedicar?

—A mis investigaciones. Me voy a dar la vuelta al mundo.

— Si sales por esa puerta ya te puedes olvidar de mí. Se acaba el dinero, se acaba todo.

***

Villefranche-sur-Mer es una localidad costera del sur de Francia. Una pequeña villa marítima de la Costa Azul no tan conocida como Niza y Montecarlo, sus vecinas distinguidas.

En uno de sus muelles Anselm encontró el barco que buscaba para emprender su viaje: un velero modelo Mikado con bandera francesa, de 58 pies de eslora (unos 17 metros de largo) y cinco metros de manga (ancho). Una embarcación tipo Ketch con dos mástiles -uno principal y otro menor-, velas triangulares, motor Renault de 160 caballos y robusta estructura de fibra de vidrio.

Un barco cómodo y fuerte para cruzar océanos, con espacio para una tripulación de hasta una docena de personas y bautizado con el nombre de Bohic Ruz.

En bretón antiguo Bohic Ruz se traduce como Petirrojo, refiriéndose a esa ave de pecho carmesí que habita en gran parte de Europa y América.

El propietario del velero le explicó a Anselm que el nombre derivaba de una antigua expresión celta que significa: "ave que sale de su nido, vuela lejos y siempre regresa al nido". Le gustó tanto esta disquisición que decidió no solo conservar el nombre, sino también bautizar así a la organización con la que realizaría sus investigaciones: Bohic Ruz Explorer.

Francesc Serrat, patrón de barco, además de fotógrafo naturalista y activista de la conservación de la naturaleza, lo acompañó en la elección del velero y se convirtió en el primer tripulante y capitán del Bohic Ruz.

**

El reloj de la torre del Hospital de la Santa Cruz y San Pablo, belleza modernista barcelonesa de comienzos del siglo XX, marca las cuatro de la tarde.

En la cafetería del hospital, Francesc Serrat se pide un café cortado descafeinado de máquina.

Ojos azules, cabellera castaño-cenizo ensortijada, y barba rala. Francesc ha cumplido 62 años y dice que hasta el día de hoy, la experiencia con Bohic Ruz Explorer y Anselm Pi Rambla es lo mejor que le pasó en la vida.

Y no es poco lo que ha hecho él por su cuenta: expediciones en la Amazonía y en el Titicaca, acompañó a la experta en gorilas Dian Fossey en sus trabajos en Ruanda, además de ser propietario de un terreno de 42 hectáreas en Costa Rica, donde junto con su esposa, la primatóloga Ángela Dalmau, fundó una reserva de conservación privada llamada La Ceiba.

"Cuando un amigo, Miguel Amat, me comentó que conocía a alguien que estaba buscando ayuda para elegir un barco, me ofrecí".

—Estoy buscando a un capitán de barco porque voy a comprar un velero para dar la vuelta al mundo y hacer unas investigaciones—le dijo Anselm.

— ¿Qué tipo de investigaciones?

—Voy en busca de los secretos de las civilizaciones antiguas.

Francesc no tenía ni idea de esos temas, pero estaba soltero y con ganas de aventura.

—Bueno, ¿cuándo nos vamos?—respondió.

***

A finales de setiembre de 1981 el Bohic Ruz atracó en el puerto de Aguadulce de Sitges, una de las más turísticas ciudades de la costa catalana.

Allí, durante un par de meses, se preparó la embarcación para la travesía.

El plan de Anselm era cruzar el Atlántico y luego el Pacifico hasta llegar a la Polinesia, y de allí con dirección al Himalaya. Y en cada lugar que tomaran tierra documentar en video cada pista, cada leyenda, que los condujera a encontrar esas señales que lo pondrían tras el rastro de esa cultura primigenia, y sus ciudades y monumentos más sagrados.

Anselm y Francesc eran los únicos tripulantes en aquel momento. Hacía falta más gente.

En una cafetería de Girona, muy cerca de la estación de trenes de la ciudad, Joan Jolis y Jaime Figa confiesan, 32 años después y frente a dos humeantes tazas de café, que no fue Anselm quién los convenció para sumarse a su expedición, sino que fueron ellos los que casi suplicaron ser parte de ella.

"Mi deseo de toda la vida era viajar por el mundo -dice Joan- y de repente te encuentras con un pedazo de barco, un señor que dice que va a dar la vuelta al mundo, y tú quieres formar parte de eso". Joan es biólogo pero siempre ha ejercido el periodismo. Hijo de marino mercante, desde muy joven acumuló experiencia en navegación.

Jaime apareció poco después que el Bohic Ruz llegara a Sitges. Él se ocupaba del mantenimiento de un velero estacionado a pocos metros de donde estaba el barco de Anselm, y cuando se enteró del proyecto también se apuntó.

"Yo era mecánico pero tenía espíritu aventurero. En Sitges me ofrecí como marinero del velero de un holandés con la única condición que me permitiera vivir en el barco. Aunque en realidad estaba pendiente de encontrar a alguien que se lanzara en una travesía larga, intercontinental".

En aquel momento Joan tenía 25 años y Jaime 26.

***

El día que el Bohic Ruz partió del Puerto de Sitges, el 29 de noviembre de 1981, en un muelle cercano se celebraba una regata en la que el invitado principal era el rey Juan Carlos I de España. Pero en el atracadero donde estaba amarrado el Bohic Ruz había más gente que en la regata real. Allí se habían congregado los familiares de los viajeros: padres, hermanos, esposas, novias, amigos. Estaban acongojados ya que la consigna de Anselm era que no había fecha de regreso.

***

El primer destino del Bohic Ruz fueron las islas canarias. Allí terminaron de aprovisionar el barco y pasadas las fiestas de fin de año, en enero de 1982, comenzó el viaje que los llevaría a cruzar el Atlántico hasta llegar a las Antillas, ese archipiélago de islas que separan el mar Caribe del Atlántico, las primeras tierras que divisó Cristóbal Colón al llegar al Nuevo Mundo.

La tripulación del Bohic Ruz quedó conformada por Anselm y su hermano Miguel, Francesc, Jaime, Jesús Jofre -amigo de Anselm-, Miguel Amat y Salvador García, el médico del grupo. Joan Jolis se quedó en Barcelona a la espera de sumarse a la expedición.

La inmensidad del mar y del cielo se fundía formando un solo horizonte. Francesc dirigía el barco orientándose por sextante ya que en aquellos años aún se estaban probando los satélites que hoy guían los GPS. La tripulación pasaba el tiempo pescando, jugando a las cartas o enfrascada en larguísimas conversaciones dirigidas por Anselm, quien compartía sus conocimientos y preparaba a sus camaradas para lo que vendría.

Tras llegar a la isla de Montserrat -bautizada así por Colón en su primer viaje-, la tripulación del Bohic Ruz estuvo un par de días reabasteciéndose para continuar ruta hacia Miami, donde comprarían las cámaras filmadoras y el equipo de audio que necesitaba la expedición para documentar sus hallazgos.

Anselm regresó a Barcelona para recoger a su familia e ir con ellos hasta Florida. Jesús Jofre también voló con él ya que debía atender asuntos personales.

El Bohic Ruz continuó la travesía hacia las costas de Florida.

***

Durante medio año la tripulación del Bohic Ruz estuvo entre Miami, Fort Lauderdale y Palm Beach.

"Fueron seis meses para ponernos mentalmente muy fuertes", dice Anselm. "Todos debíamos manejar conceptos básicos en el campo de las civilizaciones antiguas".

Joan Jolis llegó en junio de 1982 a Miami y se unió al grupo. Miguel Amat y Salvador García decidieron no continuar y volvieron a España.

Con los equipos audiovisuales embalados y el barco nuevamente a punto, el Bohic Ruz partió hacia el Canal de Panamá y de allí cruzar el Pacífico con dirección hacia la Polinesia, pero los planes cambiaron. Anselm recibió una llamada.

"Era von Däniken. Me llamó para hablarme por primera vez de los túneles en los Andes. Quedamos en que nos veríamos en Perú y hacia allí nos dirigimos".

***

El 27 de agosto de 1982 el Bohic Ruz llegó a Ancón, un balneario ubicado a pocos kilómetros de Lima, la capital del Perú. Una semana antes María Teresa y sus tres pequeños habían llegado al Perú y tres días después del arribo del velero, dio a luz en una clínica limeña al cuarto de sus hijos, Marc.

Anselm tenía previsto reunirse pronto con Von Däniken, pero antes tomó contacto con un importante personaje, Felipe Benavides Barreda: acaudalado empresario peruano, destacado conservacionista y fundador de la Asociación Pro Derechos de la Naturaleza (Prodena). Fue él quien les abrió las puertas del Perú. Les presentó a las autoridades que les dieron los permisos para sus investigaciones y, sobre todo, les encargó algunos de los trabajos documentales que hicieron en su periplo peruano.

Apertrechados con dos todoterrenos bien equipados y el equipo de filmación a punto, los miembros de Bohic Ruz Explorer – al que se había sumado nuevamente Jesús Jofre- recorrieron costa, sierra y selva.

Por encargo de Benavides registraron en video el comportamiento de lobos marinos en la Reserva Nacional de Paracas, y el trabajo de protección de vicuñas y guanacos en la Reserva de Pampa Galeras. También acompañaron a la bióloga de la Universidad de California, Jane Stern, a la Reserva del Manu. Y por su cuenta hicieron incursiones en la Amazonía en las que consiguieron los primeros registros en video de tribus no contactadas, entre ellos los Mashco-Piros.

Anselm aprovechaba los trabajos en terreno para hacer lo que define como un estudio en tres niveles: gente, costumbres y mitos.

"Cuando grabamos a los lobos marinos en Paracas, comencé la observación y el estudio del candelabro", dice Anselm, refiriéndose a ese enorme geoglifo de 180 metros de altura, que reposa sobre una loma cercana a un acantilado dentro de la Reserva de Paracas -área natural protegida ubicada a 270 kilómetros de Lima-, y cuyo origen es aún desconocido. Se ha dicho que era un símbolo para señalar un tesoro pirata, que fue una especie de faro para orientar a antiguos navegantes, e incluso que fue hecho por extraterrestres.

Estos estudios en tres niveles de Anselm se repitieron durante las filmaciones en la Pampa de Nazca que sobrevolaron, acompañados por el piloto Hugo Quiñones, para grabar las famosas líneas. Y también en Tiahuanaco, en la frontera entre Perú y Bolivia; y en el Cusco en el valle del Urubamba, Ollantaytambo, Sacsayhuamán y Machu Picchu.

En setiembre de 1982 Anselm se reunió con von Däniken en el Hotel Sheraton de Lima. En ese encuentro el escritor sueco le contó lo que sabía sobre los túneles en los andes.

"Von Däniken me dijo: en Sacsayhuamán debes hacer una investigación subterránea fuerte. Desde allí parte un túnel que comunica con el antiguo templo del Coricancha. Y eso es sólo el principio".

Pi Rambla y su equipo llegaron a Sacsayhuamán y concentraron su labor en la zona de la Piedra Cansada, nombre que se le da a una masa pétrea de casi siete metros de alto debajo de la cual, se cree, está la chinkana grande: la entrada a los túneles que unen el ciclópeo centro ceremonial con los principales templos incas del Cusco.

Buscando ese laberinto subterráneo fue que Anselm y Francesc aprovecharon para ir a Santo Domingo, entraron en la cripta y vieron el túnel.

"Lamentablemente, en aquel momento no dimensioné la importancia de lo que vimos", dice Anselm.

En 1985, cuando habían pasado tres años de su estancia en el Perú y con una baja en el equipo -Jesús Jofre había retornado a España-, el viaje de Bohic Ruz Explorer planeado inicialmente "sin retorno", llegó a su fin: el capital que había reunido Anselm para su aventura estaba por terminarse.

"El dinero que financió el viaje, nuestra estancia y las expediciones era mío: cerca de 140 millones de pesetas, lo que ahora sería casi un millón de euros. Mi plan era invertir ese capital y hacerlo crecer haciendo documentales, pero no lo conseguimos. Incluso vendí el barco, pero solo nos permitió estar un tiempo más".

Los primeros en volver fueron Francesc Serrat, Jaime Figa, Joan Jolis y Miguel Pi. Anselm hizo un último intento por continuar e invirtió parte del dinero que le quedaba en un vivero de conchas de abanico, pero los moluscos murieron. Antes de quedarse sin nada, compró los billetes de avión y, junto con su familia, regresó a casa.

**

Lo primero que hizo Anselm al pisar España, fue ir donde su padre. Necesitaba ayuda.

— ¿Qué? ¿Cómo Colón, verdad?—dijo Josep Pi cuando se entrevistó con su hijo.

Eso fue suficiente para que Anselm decidiera buscarse la vida por su cuenta.

**

Si hay una cualidad que destaca en Anselm, además de su constancia, ese es su carácter emprendedor. Así como invirtió todos sus ahorros en su gran expedición, con el dinero que le quedó más el de un préstamo bancario apostó por constituir una cadena de cruasanterías que, para su suerte, resultó ser un gran negocio. En poco tiempo ya era propietario de varias de estas panaderías y cafeterías distribuidas en diversas ciudades de la costa brava catalana. Y de allí dio el salto a Ibiza y a Marbella.

María Teresa se encargó de administrar esos negocios y Anselm retomó sus estudios, poniendo énfasis en sus descubrimientos en territorio peruano, y siempre pensando en la forma de retornar. En el ínterin, vendieron algunas de las cruasanterías y se fueron a los Estados Unidos donde montaron una empresa de compra y venta de automóviles. Allí estuvieron durante cinco años.

Luego se mudaron a Chile, porque Anselm quería estudiar el desierto de Atacama. Y aunque se estableció muy cerca de la frontera con el Perú, no entró al país ya que eran los años más difíciles del conflicto armado interno peruano y el terrorismo.

"De pronto me di cuenta del fallo de 1982. Debí prestarle atención a la cripta en Santo Domingo y también al candelabro en Paracas. Porque existe un hilo entre ellos. Opté por dejar Paracas para el final de mi vida y me enfoqué en Cusco".

***

La existencia de túneles y laberintos debajo del Cusco que unen los más importantes edificios de los Incas y cuya traza se extendería hacia todo lo que fue el imperio del Tahuantinsuyo, no sólo está presente en los mitos de los antiguos peruanos. También los cronistas de Indias recogieron en sus obras referencias a este entramado subterráneo.

"Debajo de los torreones que habían labrado debajo de la tierra otro tanto como encima; pasaban las bóvedas de un torreón a otro... En aquellos soterraños mostraron grande artificio; estaban labrados con tantas calles y callejas, que pasaban de una parte a otra con vueltas y revueltas", dice el Inca Garcilaso de la Vega, refiriéndose a Sacsayhuamán, en sus Comentarios Reales.

"En muchas partes desta ciudad hay grandes edificios debajo de la tierra", dice Pedro Cieza de León en "La Crónica del Perú", publicada en Sevilla en 1553

"Chingana, el agujero de debajo de la tierra llega hasta Santo Domingo, Curicancha del Cuzco", recoge Felipe Guamán Poma de Ayala en su "Nueva Crónica y buen gobierno", redactada hacia 1615.

Además, hay historias que hablan de soldados españoles que entraron por la chinkana grande y nunca más se supo de ellos. Y se cuenta también de un joven indígena que salió de debajo del suelo de Santo Domingo, portando un choclo de oro que entregó a los dominicos.

Tomando como base esta información Anselm elaboró el Proyecto Koricancha, que proponía la comprobación arqueológica de esos relatos. El resultado sería un descubrimiento de primera magnitud que demostraría la existencia de un túnel que une el Coricancha con Sacsayhuamán, y que los incas utilizaron para esconder sus tesoros de la codicia de los conquistadores.

***

El día que murió su madre, Anselm entregaba el Proyecto Koricancha en el Palacio de Gobierno del Perú.

Aquel 22 de setiembre de 1999, se reunió con el coronel de la Fuerza Aérea, César Llontop, edecán del entonces presidente de la república Alberto Fujimori. Este militar fue instructor de vuelo de Hugo Quiñones, el piloto que voló con Anselm sobre las líneas de Nazca en los años ochenta. Fue Quiñones quien le consiguió la entrevista con el edecán y éste se comprometió a entregar el documento al presidente, quien lo remitió a la Comisión Técnica Nacional de Arqueología para que determinase su interés.

Un par de semanas antes de presentar el proyecto, Anselm había vuelto al convento de Santo Domingo y se entrevistó con el prior de aquel momento, el padre Benigno Gamarra.

Allí le contó de cuando bajó a la cripta con Francesc Serrat y vieron la entrada al túnel. El dominico quedó sorprendido porque, aunque nunca había visto aquella bóveda, tenía conocimiento de su existencia.

"Los dominicos sabíamos de esos túneles. A mí me lo contó el prior Wilfredo Zegarra cuando yo era joven, ahora tengo más de setenta años. Los hermanos mayores se lo contaban a los jóvenes a los que nos tenían confianza", dice el Padre Gamarra a través del teléfono desde el convento de Santo Domingo, en Cusco. "El señor Pi Rambla me pareció un investigador serio y su proyecto era digno de apoyar. Por eso le dije que por mi parte estaba bien, pero que el estado debía participar".

El destacado arqueólogo peruano Fernando Fujita Alarcón, presidente de la Comisión Técnica Nacional de Arqueología a finales de los años noventa, aprobó el Proyecto Koricancha y posteriormente se firmó el convenio – el 12 de julio del 2000- con los representantes de la Orden de los Dominicos del Cusco y los del Instituto Nacional de Cultura (INC).

Este convenio especificaba que Bohic Ruz Explorer financiaría y dirigiría los trabajos arqueológicos en el templo de Santo Domingo con la finalidad de comprobar la existencia de un túnel -de 2 kilómetros de extensión-, que lo une con la ciudadela de Sacsayhuamán. Que la asesoría técnica y trabajos de excavación estarían a cargo de los arqueólogos y personal del INC, quienes además manipularían, catalogarían y resguardarían los restos arqueológicos hallados; mientras que los dominicos administrarían el acceso a los descubrimientos y el futuro museo de sitio. Y en cuanto a la difusión de los hallazgos, Bohic Ruz Explorer tenía los derechos en exclusiva a nivel nacional e internacional para divulgar todo tipo de imágenes y filmaciones de lo que se descubriera en los túneles.

***

El arqueólogo inglés Howard Carter jamás hubiese podido encontrar la tumba de Tutankamón, de no ser por el entusiasta apoyo monetario del financista y arqueólogo, Lord George Herbert de Carnarvon. Lo mismo se puede decir de los trabajos del arqueólogo submarino francés Franck Goddio, cuyo mecenas ha sido el millonario Michael Hilti.

En el caso de Anselm Pi Rambla y el Proyecto Koricancha, quien lo financió fue el petrolero texano Michael Galvis, presidente de Nytex Energy Holdings Inc.

Con el proyecto aprobado por el estado peruano, Anselm se reunió en la ciudad de Dallas con Galvis, quien se presentó como un interesado por la arqueología.

"Fue el encuentro de un explorador y un petrolero -dice Anselm-. Él conocía de mis investigaciones y estaba muy entusiasmado con los túneles del Coricancha".

El 20 de julio del 2000, Anselm Pi y Michael Galvis firmaron un acuerdo en el que el financista se comprometía a entregar 600 mil dólares para las excavaciones y se ocuparía además de conseguir los contratos para la difusión mundial de los hallazgos.

***

En agosto del año 2000 el suelo de la iglesia de Santo Domingo era barrido de punta a punta por unas máquinas que sondeaban sus entrañas. El trabajo con georradares fue el punto de partida del Proyecto Koricancha.

Esta técnica, utilizada por geólogos, ingenieros y criminólogos, consiste en el uso de un aparato que, a través de ondas electromagnéticas, analiza el subsuelo para encontrar estructuras y vacíos. Algo así como el sentido que tienen los murciélagos para guiarse y que les permite distinguir obstáculos en su camino.

Durante casi dos meses se exploró con georradares el interior de la iglesia de Santo Domingo, los claustros y jardines del convento, así como todo el complejo del Coricancha. Aunque el énfasis se puso en aquel rincón del templo donde Anselm recordaba que estaba la entrada a la cripta.

"Allí el radar no marcaba nada, no había disturbios, pero no me desanimé".

En otras áreas de la iglesia, cerca del altar mayor y de los pilares que sostienen el ábside, los georradares sí detectaron anomalías en el subsuelo.

"Decidí no insistir con el georradar y procedimos a las excavaciones. Estaba convencido que de esa forma iba por fin a dar con la cripta y el túnel".

En coordinación con el arqueólogo del INC, Héctor Walde, Anselm propuso excavar en amplias zonas de la iglesia, aunque se tuviera que clausurar parte del templo. Este plan no gustó a los dominicos, sobre todo al nuevo prior, Héctor Herrera, quien había sustituido al padre Gamarra.

El padre Herrera sugirió que los trabajos se hicieran por zonas más pequeñas para no interrumpir los servicios religiosos, y fue así como se realizaron las excavaciones.

En los videos registrados por Bohic Ruz Explorer se aprecia, como si fuera una película de aventuras, cómo técnicos y arqueólogos levantan el embaldosado de mármol de la iglesia -que había reemplazado al antiguo piso de madera-, para luego excavar con cuidado hasta llegar a las perturbaciones detectadas por los georradares, revelándose ante ellos muros incas y pre incas, bóvedas, canales de agua y hasta una cripta, pero no la que buscaba Anselm.

El descenso se hacía con mucho cuidado y vistiendo trajes de protección, ya que se había detectado la presencia de metano en los subterráneos. En esas imágenes se ve a Anselm, ya sea dando indicaciones a los operarios de las excavaciones o adentrándose en las oscuras catacumbas recién descubiertas.

Entre los primeros hallazgos: crucifijos cristianos, muestras de tela, piezas de cerámica y restos óseos.

El descubrimiento de aquella cripta -a la que se nombró de Santa Rosa- le dio a Anselm la confianza de encontrarse por buen camino, y al mismo tiempo fue la señal para que el financista se pusiese a buscar a quien difundiría el descubrimiento que se percibía inminente.

***

William Morris Agency es la más antigua e importante agencia estadounidense de representación de contratos para el cine y la televisión. Fundada en 1898, ha representado a Charles Chaplin, los hermanos Marx, Marilyn Monroe, Frank Sinatra, Elvis Presley; y también a Russell Crowe, Quentin Tarantino y Richard Gere.

El 7 de mayo del 2001 Michael Galvis y Stuart Tenzer, vicepresidente de William Morris, firmaron un convenio a través del cual esta agencia se convertía en la gestora de los derechos del merchandaising, futuros libros, películas en cine y video, representaciones teatrales, apariciones públicas y, sobre todo, de la difusión televisiva de los hallazgos del Proyecto Koricancha.

Los agentes de William Morris concertaron reuniones con ejecutivos de las más importantes cadenas de televisión estadounidenses, para ver quien pujaba más para transmitir en exclusiva la apertura del túnel de Santo Domingo. De esos encuentros también participó Álex Pi, el tercer hijo de Anselm, quien iba en representación de Bohic Ruz Explorer.

"A esas reuniones llevé videos de los trabajos en el Cusco y también un brochure que explicaba la trayectoria de mi padre desde los años ochenta", dice Álex.

De entre las cadenas a las que se ofreció el Proyecto Koricancha, fue la FOX la que mostró un interés real.

La reunión en el edifico de FOX televisión, en Los Ángeles, se realizó en la oficina de uno de sus directores ejecutivos. Álex nunca olvidará aquel encuentro.

"Estábamos con una representante de William Morris y luego de los saludos, el director de Fox vio con nosotros un *reel* con imágenes de la excavación. Luego revisó el brochure y se fue a sentar detrás de su escritorio".

—Me gustaría que me hablaras de tu padre—le dijo.

Álex le contó del viaje de Anselm en barco desde España hasta el Perú, de sus investigaciones en el desierto y en el Cusco; y de sus indagaciones sobre culturas ancestrales.

— ¿Por qué un hombre se puede dedicar a hacer todas esas cosas?—preguntó el ejecutivo.

—Mi padre es una persona que siempre ha buscado los misterios de las grandes culturas y no va a parar hasta cumplir esa tarea.

—Álex, tu padre es como Indiana Jones, pero él es el de verdad -dijo el ejecutivo de televisión-. Además de los túneles quiero que hagamos una película sobre la vida de tu padre. Me imagino a Antonio Banderas para hacer de él cuando era joven, y a Anthony Hopkins ya de mayor.

La reunión terminó con un acuerdo que estipulaba la entrega de un millón de dólares por parte de FOX apenas se encontraran los túneles, y transmisión mundial en directo desde las excavaciones. Y ese sólo sería el comienzo.

**

En el segundo año de investigación, los trabajos se centraron en las excavaciones en la zona central de la iglesia, muy cerca del altar mayor. En paralelo, en Sacsayhuamán se estaban haciendo trabajos de exploración en la zona de la piedra cansada para dar con la Chinkana Grande. Este era un proyecto anexo llamado Viracocha.

Esta fue la etapa más prolífica de los trabajos en el Coricancha. No solo porque importantes personajes - incluida la Reina Sofía de España- visitaban las excavaciones para ver sus avances, sino que fue en este periodo que se produjo el descubrimiento más importante en Santo Domingo: el emplazamiento de las bases del Salón del Sol del antiguo Coricancha. El lugar que -según los cronistas de Indias- estaba recubierto de placas de oro y donde descansaban las momias de los fallecidos monarcas cuzqueños acompañados de sus respectivas estatuas también de oro.

Estas bases eran unos bloques inmensos de diorita verde, posiblemente pertenecientes a una época anterior a los Incas. Un recinto que el arqueólogo y antropólogo estadounidense John Rowe, prestigioso profesor de la Universidad de Berkeley y estudioso de las civilizaciones prehispánicas y coloniales, buscó durante años y no pudo encontrar.

Italo Oberti, arqueólogo del INC, le dijo a Anselm que el hallazgo no tenía precedentes. Y fue precisamente este descubrimiento el que dio inicio a los desencuentros con los dominicos.

"Los sacerdotes exigieron la paralización de las excavaciones. Decían que la iglesia estaba en peligro ya que las columnas principales estaban apoyadas sobre las bases del antiguo templo solar que habíamos descubierto".

Anselm y los representantes del INC trataron de convencer a los dominicos que no había peligro, pero no hubo manera. Los trabajos se detuvieron.

Mientras continuaban las negociaciones, en marzo del 2003, Anselm fue invitado a dar una conferencia en el Congreso del Perú para explicar sus avances, lo que representaba una oportunidad para, quizá, desatascar el asunto pero no fue así.

En agosto de 2003, sin llegar a ningún entendimiento con los dominicos, el Proyecto Koricancha llegó a su fin sin encontrar la cripta ni la chinkana.

"Personalmente nunca creí que existieran esos túneles", dice el padre Héctor Herrera, hoy encargado de dirigir una emisora de radio de la orden dominica en la ciudad de Arequipa, al sur del Perú. "Lo único que se encontró fueron unas catacumbas-dice el sacerdote-. El proyecto no se concluyó porque la iglesia corría riesgo por las excavaciones y los frailes perdimos la confianza. También creo que hubo problemas económicos. A mí me parece que las cosas no se hicieron con seriedad".

Bohic Ruz Explorer fue conminada a pagar una garantía de seis mil dólares por "haber alterado la infraestructura", y corrió con todos los gastos del cierre de las obras.

Anselm sólo hizo una petición a los dominicos y a las autoridades culturales peruanas: que sobre las bases del salón solar descubiertas se dejara un área protegida para futuras investigaciones.

***

Finalizado el Proyecto Koricancha, a Anselm Pi Rambla le tocó lidiar con el descrédito.

Lo llamaron "huaquero", que es como en Perú se nombra a los saqueadores de restos arqueológicos. También lo tildaron de *cazatesoros*, ya que se decía que estaba tras el oro de los Incas, e incluso se insinuó una antojadiza vinculación con Vladimiro Montesinos Torres, el encarcelado asesor del también recluido ex presidente peruano Alberto Fujimori. Y es que el Bohic Ruz, el velero con el que Anselm Pi emprendió su viaje para dar la vuelta al mundo y que vendió antes de retornar a España, a mediados de la década de los ochenta, a Gonzalo de la Puente Lavalle, Ministro de Industria y Turismo durante el primer gobierno de Fernando Belaunde Terry, y que luego pasó también por las manos del empresario restaurantero Carlos Semsch, era la misma embarcación rebautizada como Karisma- cuyo último propietario peruano fue José Lizier Corbetto -, en la que Montesinos se fugó del Perú en octubre del año 2000.

En abril del 2006 se promulgó una resolución suprema del estado peruano en la que, a propósito del Proyecto Koricancha, se incorporaron al Reglamento de Investigaciones Arqueológicas modificaciones en el sentido que, en el futuro, cualquier proyecto de investigación deberá ofrecer "plenas garantías por eventuales daños y perjuicios".

***

Durante los últimos años Anselm Pi Rambla ha continuado trabajando en sus teorías e investigaciones, impulsado por ese inconmensurable deseo tan humano de descubrir.

Son las seis de la tarde de un miércoles de diciembre. Sobre la mesa del comedor de la casa de Anselm, María Teresa sirve té y pasteles. Allí están sentados Anselm y Alan Stivelman, un cineasta argentino que ha recorrido media Europa y gran parte de Latinoamérica, exhibiendo su opera prima, "Humano", una película documental en la que él mismo es protagonista, y en la que se adentra en los andes peruanos de la mano de un sacerdote del pueblo Q'ero - legendaria nación andina cuyos integrantes son considerados "los últimos incas"-, para indagar en los secretos de las montañas sagradas.

Alan Stivelman supo de la existencia de Anselm a través de Débora Goldstern, una investigadora, también argentina, especializada en civilizaciones perdidas y mundos subterráneos. Ella le contó sobre las investigaciones de Anselm y Stivelman fue a buscarlo.

El cineasta está trabajando en la pre-producción de "El sello de los dioses", película que será la vitrina de Pi Rambla para dar a conocer sus investigaciones y en la que mostrará las pruebas que esos túneles mencionados en la tradición andina existen, que recorren gran parte de Sudamérica y que no habrían sido construidos por los Incas, sino por una civilización aún más antigua. Además de revelar las estrechas vinculaciones que existen entre la chinkana cusqueña, que le fue esquiva, y el Candelabro de Paracas.

"No me frustré al no encontrar el túnel en Santo Domingo -dice Anselm-. No lo puedo probar, pero estoy convencido que esa cripta fue sellada a propósito, no sé por quienes, y por eso no la encontró el georradar. Ese túnel existe y es la conexión entre dos lugares sacro solares: Sacsayhuamán y el antiguo Coricancha. Durante más de treinta años he aprendido e investigado cosas que son material para decenas de libros, pero preferí vivir y no escribir. Ahora quiero compartir lo que he descubierto y el señor Stivelman apareció para eso".

Alan Stivelman tiene 29 años y el entusiasmo que siente por el trabajo de Anselm es como el de un niño al que le han regalado el juguete soñado.

Anselm le da un largo sorbo a su té y coloca la taza sobre el plato.

—Alan, este documental va a reventar a nivel histórico. Tú solamente vas a tener que presionar REC y no vas a ficcionar nada.

—Bueno, Anselm, habrá que recrear algunas cosas.

—Pero sin inventar nada.

—Inventar no… recrear, mostrar.

—Alan, nosotros no vamos a contar ninguna ficción, sino algo real. Y cuando el espectador de tu película vaya de lo real hacia lo espiritual habrá gente que llorará, gente que entrará en shock.

Quijote Gutman
Roberto Valencia

En un hotel de El Salvador, de cuyo nombre no quiero acordarme, no ha mucho tiempo que se hospeda un hombre de los que todavía creen en utopías.

Falta un cuarto para las seis de la mañana cuando ese hombre, de apellido Gutman, atraviesa la puerta de vidrio del hotel. Carga, con dificultad, tres cafés en vasos desechables y tres magdalenas. Dos y dos son una cortesía para con los compañeros de viaje. Aguardan no menos de tres horas por carreteras salvadoreñas hasta llegar a su destino: un pueblo confinado llamado Conchagua.

—Los lugares más olvidados son los que más me inspiran –dice.

La jornada infinita recién comienza, pero Gutman es un torbellino mañanero. Saluda, reparte cafés y magdalenas, pregunta-responde-bromea-sonríe, regresa al hotel, desaparece y reaparece dos minutos después con su maletín negro. Así ha sido, es y será. Algo que va más allá del carácter. Se ha convencido de que solo con un talante volcánico logrará lo que se ha propuesto en esta vida: construir un nuevo El Salvador, integrar una sociedad entera, someter a los desaforados gigantes.

***

Alejandro Gutman nació el 24 de septiembre de 1960 en Buenos Aires, Argentina, en el seno de una familia judía acomodada. Abogado su padre y abogado su único hermano, todo parecía escrito y sellado hasta que el fútbol se cruzó. "Fui un futbolista mediocre, pero era rápido, muy rápido, y de vez en cuando hacía goles –dice–; eso me sirvió para cumplir mi sueño de juventud: ser jugador profesional de fútbol".

Jugó en equipos modestos de Argentina, Israel, Sudáfrica y Malta. En este último país, en un club centenario llamado Hamrun Spartans con el que disputó el 28 de septiembre de 1983 un partido de la primera fase de la Copa de Europa, la actual UEFA Champions League: "Nunca he tenido tanto frío en una cancha como ese día que perdimos en Escocia 3 a 0 contra el Dundee United".

Gutman supo articular su limitada carrera futbolística con estudios universitarios en psicología, filosofía y letras, derecho y educación física, hasta que en 1987 se instaló en San Francisco, Estados Unidos. Lo logró gracias a una beca Fullbright que obtuvo para realizar una investigación de año y medio sobre los niños de la calle, centrada en los barrios The Mission y Tenderloin.

En paralelo, le volvió a apostar al fútbol, pero esta vez como periodista radial empírico. Le fue tan bien que a finales de los ochenta creó junto a su paisano Andrés Cantor la empresa que produce *Fútbol de Primera*, el programa deportivo que en pocos años se convirtió en el más popular de la radio estadounidense en español, al punto de adjudicarse los derechos exclusivos de la FIFA para retransmitir el *soccer* en el país del *baseball*, del *basketball* y del *football*. El apellido Gutman se tornó un referente en el mundo del fútbol gringo, ganó lo suficiente para procurarse una vida desahogada, y logró como locutor-empresario lo que como futbolista solo alcanzó a soñar: embriagarse con las mejores esencias del fútbol, las que emanan de los Mundiales.

Gutman devino alguien exitoso, importante, cada año más. Estuvo un par de veces incluido en esos listados de 'los cien latinos más influyentes en Estados Unidos' que se sacan de la manga revistas de amplia tirada. Se casó, fue padre de lindas gemelas –Julia y Paula–, prosperó, se separó, se enamoró de María Bedoya.

Desde finales de los ochenta había entrado en contacto con la populosa comunidad salvadoreña radicada en Los Ángeles y alrededores. Por su rol en *Fútbol de Primera* entabló amistad con buena parte del grupo de jugadores salvadoreños que disputó el Mundial 1982, y que viajaban seguido a jugar amistosos en el Norte: "Ellos me transmitieron mucho cariño hacia el país, y luego viajé y lo conocí".

Cuando en 2003 fundó lo que entonces se llamó Fútbol Forever, el pequeño y convulso país centroamericano emergió como el lugar idóneo para poner en práctica, en Latinoamérica, sus incipientes ideas sobre cómo revitalizar comunidades empobrecidas, que durante más de una década mantuvo hibernadas. En El Salvador arrancó en 2004, con la pelota como anzuelo.

"Buscábamos enseñar a los chicos a pensar, para que salieran de la situación en la que vivían, y el fútbol era la herramienta", dice.

Poco, muy poco tiene que ver el Fútbol Forever de 2003 con la rebautizada como Fundación Forever de 2016. El presidente y el alma no han cambiado pero, a fuerza de tropezarse y levantarse y tropezarse y levantarse y tropezarse, de sinsabores-desilusiones-traiciones pero también de satisfacciones-éxitos-felicidades, Gutman cree estar muy cerca de la fórmula mágica que permite la regeneración social de países enteros. Lo cree con una firmeza y un entusiasmo que cuesta refutárselo.

***

No importa mucho, pero hoy es octubre y es jueves. Gutman –tenis, pantalones cómodos, camisa veraniega azulita, muñecas recubiertas con pulseras– tiene cincuenta y cinco años, ciento ochenta centímetros de porte atlético, el cabello cano, la mirada poderosa, y un marcado acento argentino. Disfrazado con saco y corbata, pasaría por presentador veterano de noticiero nocturno.

Han pasado dos horas desde que dejamos atrás el hotel, y aún falta una más. Gutman ocupa el asiento del copiloto del envejecido Hyundai que maneja Adolfo, su chofer. Está siendo un viaje sin silencios incómodos. Somos tres, pero una sola voz cantante. Ha hablado sobre los salvadoreños, sobre la pobreza rural, sobre Boca Juniors, sobre la cultura de la integración, sobre lo que espera en Conchagua, sobre la recomendación de usar muletas que anoche hizo a su hija adolescente, futbolista y lesionada en un tobillo.

—Con estos consejos es que logro sentirme padre –dice.

También ha hablado sobre Mandela.

—Yo jugué fútbol en Sudáfrica y allá viví algunos años.

— ¿Conoció a Mandela?

—Teníamos un buen amigo en común, pero nunca le pedí una reunión con Mandela para hablar de esta temática de la transformación, ¡por vergonzoso! Ya para cuando lo tuve enfrente, en el Mundial, estaba muy enfermo, y me quedó la espinita de no haber hablado con él. Es una de las tres personas que más admiro.

Otra es el pedagogo Paulo Freire, fallecido para cuando Gutman se enamoró de su legado; y el tercero es el papa Francisco, a quien sí le ha podido exponer un par de veces sus ideas sobre cómo construir sociedades integradas, sus utopías.

—Aspiramos, con el correr de los años, a que el 30 % de los cupos de cada universidad salvadoreña sean para jóvenes de comunidades empobrecidas.

Dirá dentro de un rato, en Conchagua.

***

Gutman eligió El Salvador.

No fue así nomás. Cuando se animó a crear Fútbol Forever, su reputación y sus contactos le valieron el patrocinio de la FIFA, y el programa se implementó primero en Zambia y en Sudáfrica. Fueron los años de la ambición, cuando quizá creyó que podía cambiar el mundo. El aterrizaje de la fundación en El Salvador también fue a lo grande, con proyectos en municipios repartidos por todo el territorio, con pláticas muy maduras para exportarlo a Honduras. Pero aquello duró pocos años.

Cuando el chorro de la FIFA se cortó, Fútbol Forever se centró en El Salvador; y cuando sucedió lo mismo con el apoyo inicial del Gobierno salvadoreño, la fundación adelgazó hasta el raquitismo, con una plantilla decreciente hasta que bastó una mano para enumerar a los empleados, el voluntariado como sostén principal, y con un sector del municipio de Soyapango –en el área metropolitana de la capital– como único ámbito geográfico de acción.

Pero fue en esas circunstancias cuando Gutman más se aferró a la idea de transformar una sociedad. Y no cualquier sociedad.

Con una tasa de 49 homicidios por cada 100.000 habitantes –la ONU establece que a partir de 10 un territorio sufre una "epidemia de violencia"–, El Salvador ya era en 2004 un país pobre, desigual y violento. La violencia impregna de forma transversal toda la sociedad, pero su expresión más visible y cruel son las pandillas o maras, un fenómeno que afecta sobremanera a la mitad más empobrecida, y que por su repercusión internacional se ha convertido casi en una seña de identidad nacional.

Por las zonas en las que comenzó a trabajar, y por su manifiesto deseo de conocer en primera persona la problemática que trata de corregir, a Gutman le tocó conocer el nacimiento de las políticas gubernamentales represivas –el *manodurismo*– y la consecuente radicalización del fenómeno de las maras.

"Hoy está de moda la violencia de las pandillas, como si fuera la única violencia que existe en el país; pero ayer fue la guerra; y mañana, ¿quién sabe? La violencia en El Salvador no es casualidad. Y si hoy acabaran con las maras, surgiría otra forma de violencia", dice Gutman en un discurso que no le ayuda a hacer amigos en El Salvador.

El Salvador, según los datos oficiales presentados en 2015, es esto: analfabetismo del 11 %; escolaridad promedio inferior a los siete años; salario promedio de 298 dólares; 16 % de viviendas sin energía eléctrica; 23 % sin agua potable por cañería; la recogida de la basura es un privilegio reservado para el 51 % de la población; 32 % de hogares en pobreza; 8 % en pobreza extrema; 26 % de jóvenes entre 15 y 24 años que ni estudia ni trabaja.

Pero ninguna cifra tan perturbadora como la de la violencia. En 2015, un promedio de 18 personas asesinadas cada día en un país de 6.4 millones. La tasa de homicidios se disparó a 103 por cada 100.000 habitantes. Una comparación fulminante: para que España, por ejemplo, tuviera la misma tasa que El Salvador, tendrían que cometerse más de 47.000 asesinatos, cuando raro es que en un año se alcancen los 350.

Gutman eligió para su quijotada al país más violento del mundo.

***

Conchagua es un pueblo de 45.000 habitantes, y en 2014 se cometieron más asesinatos que en Noruega. Aun así, no es uno de los lugares más afectados por la violencia en El Salvador.

En Conchagua solo existen dos centros públicos en los que se imparte educación secundaria. El Complejo Educativo Mario Gómez es el céntrico; un recinto digno, con un poderoso portón metálico por entrada, un muro de tres metros pintado de azul y blanco y coronado con vidrios rotos, y un patio amplio cubierto por una gran estructura de láminas para resguardarse del sol y de las tormentas del Trópico. A un costado se erige una tarima, cubierta también, en la que Gutman está tratando, desde hace una media hora, de sintetizar qué es y cómo funciona la Fundación Forever. Salpica sus palabras con chistes, analogías y arranques de espontaneidad, ante cientos de alumnos uniformados, un par de docenas de profesores y algún que otro burócrata regional del ministerio.

Gutman aparece con cierta asiduidad en la televisión, y una visita a Conchagua de alguien así resulta un acontecimiento. Muy a su pesar, el evento ha devenido protocolario y lleno de discursos y gestos tan bienintencionados como estériles. Incluso imprimieron un gran cartel con el detalle de sus muñecas recubiertas con pulseras: 'Bienvenido a Conchagua, don Alejandro Gutman'.

"Nosotros –dice, micrófono en mano– no somos la típica fundación que reparte tres becas a los tres que se sacan diez, porque ¿saben qué sucede? Si se gradúan 150 y damos tres becas, ¿qué hacemos con los otros 147?"

La receta Gutman para transformar la sociedad pasa por el ingreso de miles de estudiantes de comunidades empobrecidas en las universidades. Miles. Cada año.

"Transitar por las universidades –dice a los jóvenes de Conchagua– abre muchas puertas, y abre una que es la más importante: la puerta de la cabeza, la de los sentimientos, que ustedes conozcan y reconozcan todos esos ámbitos, y que esos ámbitos y esas empresas los reconozcan a ustedes. Es un ida y vuelta".

La salvadoreña es una sociedad no solo desigual y empobrecida, también clasista. Si la propuesta de Gutman sería revolucionaria, utópica, quijotesca en cualquier latitud, lo es más en un país como El Salvador.

***

13 de diciembre de 2009, un domingo.

Seis meses antes de que Chile debutara en el Mundial de Sudáfrica, Gutman logró que su director técnico, el argentino Marcelo Bielsa, llegara al reparto La Campanera, quizá la comunidad más estigmatizada de El Salvador. Habló con niños, padres, líderes comunales, algunos profesores, pero –fiel a sí mismo– rechazó responder las preguntas del avispero de periodistas que se atrevió aquel día a visitar el *bajomundo* para robarle algunas palabras. "Lamento tanto micrófono alrededor, que a lo mejor consiguen que ustedes piensen que estoy actuando o... no sé...", dijo un resignado Bielsa.

Cuatro años de trabajo de hormiga en El Salvador convencieron a Gutman de que en las comunidades empobrecidas era mínima la presencia de los medios de comunicación, de esa entelequia llamada sociedad civil e incluso la del propio Estado. Y se propuso llamar la atención del resto del país sobre la pobreza.

Se le ocurrió entonces traer, como reclamo, a sus amigos famosos, encantados de colaborarle sin pedir un peso a cambio. Empezó con el serbio Velibor 'Bora' Milutinovic; como la jugada le salió bien, le siguieron espaciados en muy pocos meses Christian Karembeu, luego Marcelo Bielsa, luego Carlos 'el Pibe' Valderrama, más luego Carlos Bilardo, y luego Andrés Cantor. En lugar de pasearlos por escuelas de fútbol clasemedieras o elitistas, los metió en colonias sometidas por el fenómeno de las maras, lugares en los que el salvadoreño medio no se atreve a poner un pie, como el referido reparto La Campanera.

A ese confín llegó Marcelo Bielsa y no se quiso callar ante un grupito de vecinos: "Tengo una crítica a todo lo que vi acá, la única: que no están los viejos. Los viejos son los que cuentan la historia, los que se quedan... porque una cosa muy importante es el sentido de pertenencia. ¿Por qué yo les digo que pinten el arco o que quiten la maleza o los arbustos? Porque uno se tiene que sentir orgulloso del lugar en el que está, aunque sea limitado. Y los mayores, los viejos, son los que conocen la historia del lugar, y se la tienen que contar a los chicos. ¿Para qué? Para que los chicos se enamoren de su lugar y quieran mejorarlo. Está bien que uno quiera crecer, pero este es el origen, esta es la esencia, y nunca hay que olvidarlo".

A Bielsa algunos le llaman el filósofo.

**

Adolfo maneja el Hyundai sin estridencias. No es un *Fitipaldi*.

Pasadas las 11 de la mañana sobre la carretera Panamericana, todavía más cerca de Conchagua que de San Miguel, adonde nos dirigimos, un carro pasa volando por la izquierda, pero delante hay un camión y de frente viene otro carro. Se mete violento, y un frenazo nos empuja a los tres contra el parabrisas.

— ¡Le reputa que lo parió! –grita Gutman.

Se crea un silencio de unos tres segundos, roto por el propio Gutman.

—Con estos conchudos hay que tener un cuidado. Verás que diez kilómetros más lo vamos a ver atravesado. Burro, ¿eh?

Callamos.

—A mí estas cosas, ¿sabés qué?, me recuerdan a mi adolescencia... porque yo me peleaba mucho, ¿viste? Si esto me pasa entonces, voy, lo corro y lo paro. Me peleaba mucho, pero mucho.

— ¿De gritarte con cualquiera?

— ¡Qué gritos! A las trompadas. Con 16 y 18 años mis amigos ni querían salir conmigo. Era un pelotudo. Sabía judo, karate... me miraban mal, y ya me peleaba. ¡Un idiota! En la calle, en los bailes... El día que yo debutaba en Almagro, me chocó el auto un idiota de mierda que cruzó una avenida mal, así como este pelotudo, y yo le dije: la *conchaetumadre*, qué carajo hacés. Bajá, me dijo. Y yo bajé.

No quería pelear, porque iba a un partido que era importante para mí, y terminé preso. Le di tanto a ese *hijoeputa*, lo tenía así: *pin, pin, pin...* y vinieron los policías y nos llevaron a los dos. Tuvo que venir a buscarme la secretaria de mi papá, porque él estaba de viaje. Me sacaron a las 12 de la noche; era el cumpleaños de mi hermano, un 20 de febrero.

Cuando ahora cuenta cómo era antaño, dice, la gente se extraña.

***

1 de mayo de 2010, un sábado.

En el Estadio Nacional Jorge 'Mágico' González, en el evento más multitudinario en el que jamás participó Forever, Gutman tenía una preocupación genuina.

En el césped había unos doscientos niños de escuelas de futbol de todo el país repartidos en grupos, un colombiano rubio y colocho al que le dicen 'Pibe', el secretario para Asuntos Estratégicos de la Presidencia, el ministro de Seguridad Pública, la presidenta del Consejo Nacional de Seguridad Pública, el presidente del Instituto Nacional de los Deportes, otros burócratas extraviados, exjugadores de la selección del Mundial 1982, equis voluntarios de la Fundación, docenas de periodistas maleducados, el mítico Jorge 'Mágico' González, el embajador de Colombia, metidos varios. Todo aderezado con himnos, aplausos, un speaker adulón, palmaditas en la espalda y sonrisas impostadas, ansias politiqueras por aparecer en la foto.

Y Gutman, sobrepasado e incómodo por las circunstancias, con una preocupación genuina soltó por megafonía apenas le pasaron un micrófono: "Por favor, desalojen la cancha. ¡Los periodistas a la orilla, por favor!

Estos niños quieren compartir unos momentos gratos con sus ídolos".

Desde aquel Primero de Mayo, nunca más se volvió a dejar engatusar por el Gobierno.

***

Gutman llega con algo de retraso a la primera de las tres citas en San Miguel, la ciudad más importante de la zona oriental del país. A las 11.30 am tendría que comenzar a hablar en la Universidad Gerardo Barrios, pero ya es la hora, y estamos a la altura del puente Moscoso; en la otra punta. No se le ve preocupado. Desde el susto efímero del frenazo, hace unos veinte minutos ya, Gutman ha aprovechado para hacer *dosquetrés* llamadas importantes, y ha recibido otro par. De repente, se regresa mentalmente a Conchagua.

—Estuvo lindo, ¿no? –pregunta.

—Estuvo curioso, pero... ¿me permitís serte honesto, Alejandro?

No le doy tiempo para contestar.

—Estuvo bien: la puntualidad, el himno, los discursos, pero ¿a veces no pensás que te invitan nomás porque salís en televisión? ¿Creés que tu mensaje en verdad cala?

—La gente del interior, en general, tiene unos formalismos, es gente especial. Para ellos es algo importante. Si la persona que me llamó logra que estas escuelas olvidadas empiecen a interactuar con las universidades, él gana, pero no hay maldad. Puede que me equivoque, pero tengo que sentir que la otra persona busca auténticamente algo serio. Si no lo siento, no vengo. Después, no se puede disociar ese deseo de hacerte sentir bien, es una manera de atender al que viene de afuera. Y estos formalismos me incomodan, pero ya opto por dejarlos pasar.

La pregunta le da pie para recordar lo que pasó cuando trajo a El Salvador a Marcelo Bielsa y, en el evento en una universidad privada, el moderador comenzó a echarle flores y a destacar sus logros profesionales.

—Bielsa no se cortó. Lo paró. Le dijo: discúlpeme, no quiero ser grosero, pero acá vinimos a escuchar a Alejandro, y no creo que a nadie le interese saber mi pedigrí ni mi currículum ni nada. Así se lo dijo, ¿eh?

***

1 de abril de 2011, un viernes.

En el hall del hotel en el que siempre se hospeda, Gutman atiende a un periodista de *El Faro* durante más de dos horas, la primera plática larga entre ambos. Le responde que dejó de ejercer como papá, como amante, como socio, que dejó de cuidarse por su quijotesca idea de mejorar las condiciones de vida de los pobres; le responde que el modelo que tiene en mente podrá replicarse en todo el mundo; le responde que en esto se le está yendo la vida, que no saca absolutamente nada, pero nada, y que Fútbol Forever –faltaba aún para el rebautizo– le cuesta dinero, mucho dinero, que su exmujer preferiría que lo guardara para sus hijas; le responde que la sociedad salvadoreña todavía no entiende que debe ser parte de la solución; le responde que está consciente de que lucha contra un sistema de ayudas que lleva décadas arraigado, y ellos –ellos: gobiernos, organismos internacionales, entramado oenegero...– interpretan que están ayudando.

Pero el titular de la entrevista saldrá de ésta reflexión: "Eso de los índices de violencia va a ir a peor; no saben lo que les viene encima. Hay mucho descuido en las comunidades, y esto sigue recrudeciéndose".

En 2010, el año previo a la profecía, en El Salvador asesinaron a 4.000 personas, el segundo país más violento del mundo solo superado por Honduras. Un lustro después, en 2015, la cifra de asesinados se habrá disparado a 6.700 y la sociedad salvadoreña será –después de lo que se le vino encima– la más violenta del mundo.

***

La Universidad Gerardo Barrios es una de las nueve más comprometidas en poner en práctica la cultura de la integración –así lo llama: cultura de la integración– que Gutman pregona, sobre todo por el entusiasmo de Raúl Rivas, su rector. Hoy ha sentado a una veintena de profesores para que escuchen lo que a casi nadie le resulta fácil de escuchar.

—De las universidades salen médicos mal formados, ingenieros mal formados, abogados mal formados, porque no conocen las condiciones en las que vive el 50 % de los salvadoreños. Estamos dando una mala formación, sin contacto con la realidad de este país.

Gutman parece haber desarrollado una habilidad para soltar juicios descarnados en público sin provocar reacciones airadas.

—Sé que es difícil escuchar esto, y más de alguien de fuera. Y yo vengo de fuera, sí, pero desde hace 12 años vivo 14 horas diarias pensando en esta realidad, me meto en los lugares más jodidos, y tengo la visión de país de un privilegiado, porque hoy estoy acá, pero mañana estoy con un pandillero, pasado con el presidente, luego con un banquero... Tengo el privilegio magnífico de conocer distintos ámbitos de este país, y es algo muy enriquecedor.

Y lo cierto es que no muchos salvadoreños podrían jactarse de algo así. Quizá ni uno solo.

***

13 de abril de 2015, un lunes.

En un hotel muy lindo-primermundista, al que convocó a vecinos de comunidades empobrecidas y los sentó entre diputados, empresarios, gerentes, el arzobispo y un enviado del papa Francisco, Gutman tuvo un ataque de concisión y logró resumir en treinta segundos su proyecto de vida: "¿Qué es eso de la cultura de la integración? Pues muy básicamente que aquellos que viven en las comunidades empobrecidas, que es donde reside el 50 % o más de la población de este país, puedan salir de esos ámbitos y puedan llegar a los ámbitos en los que se mueve el otro 50 % de la población. Y al revés, que los que vivimos más o menos bien, o muy bien, vayamos a los lugares donde se vive con dificultades. Los que están adentro, que salgan; y los que están afuera, que entren. Y así vamos construyendo juntos, ¡juntos! la cultura de la integración".

Para lograrlo, las piezas fundamentales son dos: por un lado, convencer a las universidades que acepten a jóvenes de colonias como La Campanera, una vez hayan realizado, a lo largo de los dos o tres años previos a su graduación como bachilleres, un exigente proceso formativo diseñado por Gutman que involucra 11 actividades distintas; y por otro, que distintos actores de la sociedad, en especial las empresas, aporten fondos para becar a esos jóvenes y les abran las puertas para complementar su formación educativa.

Una propuesta revolucionaria, utópica, quijotesca.

***

A la una y media de la tarde, el Hyundai ingresa en el campus migueleño de la Universidad de El Salvador. También llegamos justos, sin tiempo para almorzar. El sándwich con dos rebanadas de pan de molde que hace tres horas nos dieron en Conchagua se revaloriza, porque serán más de dos horas las que se prolongará la charla que Gutman tiene que impartir.

Esperan unos 300 estudiantes –el auditorio lleno– en un evento protocolario, acartonado pero bien organizado. La conferencia se titula 'Educación para el Desarrollo de Habilidades a través de la Integración del Deporte y la Cultura en la Formación de la Juventud', impreso en una gran pancarta junto al nombre del ponente: 'Alejandro Gutman, presidente de la Fundación Fútbol Forever', el nombre que desechó hace cuarenta meses.

—Siempre, desde los 15 o 16 años, tuve la sensación de que el deporte podía generar cambios importantes en los seres humanos, siempre creí que el deporte podía transformar.

Hasta que se convenció de que siempre había estado equivocado y arrancó la palabra 'fútbol' del nombre de su fundación.

—Con el fútbol no alcanza. El ambiente en las comunidades es tal que chupa para abajo a los chicos, y para salir a flote no alcanza el deporte. Tardé siete años de mi vida en darme cuenta, tiempo en el que dejé a mis hijas, a mi primera esposa, a mi socio. Se requiere de cierta valentía para reconocer que uno se ha equivocado después de dejar tantas cosas en el camino. Se requiere de honestidad con uno mismo.

El auditorio digiere la confesión en silencio, como si en verdad le importara lo que Gutman trata de decir.

***

18 de septiembre de 2015, un domingo.
En la sede de Forever en la colonia Santa Eduviges, en la hora de almuerzo, Gutman está reunido con varios líderes comunales. De repente, de su boca sale una frase luminosa que anoto con urgencia en mi libreta, que incluso sin contexto merece ser consignada: "El salvadoreño siempre dice: 'Algo tenemos que hacer para mejorar esta situación', pero ese 'Algo tenemos que hacer' se refiere a que los demás hagan algo".

***

Como al final regalarán almuerzo, el auditorio sigue repleto transcurrida hora y media. Nadie se levanta, ni durante el espacio para preguntas.

Los organizadores las anotaron en el primerísimo tramo de la charla, por lo que poco tienen que ver con lo dicho por Gutman. La tercera pregunta: ¿es compatible Fútbol Forever con el sistema capitalista?

"¡Upa! A saber qué habrá querido decir, ¿no? Bueno, lo primero –aprovecha para desquitarse– es avisar de que no se llama más Fútbol Forever, que desde hace cuatro años somos Fundación Forever. El fútbol es ahora solo una de las actividades que realizamos".

San Miguel tiene la fama de ser la ciudad salvadoreña más tropical, y la camisa azulita de Gutman está sudada, se estuvo peleando con varios zancudos durante buena parte de la charla, y su expresión es la de un maratonista en el kilómetro 35.

"Forever es absolutamente compatible con el sistema capitalista –dice–. Lo que no es compatible es con la existencia de capitalistas desgraciados. Desigualdades van a existir siempre, y yo las abrazo, porque los seres humanos no somos iguales en muchos aspectos. No reduzcamos esta charla a si uno es de izquierda o derecha, porque es mucho más que eso".

**

20 de septiembre de 2015, un domingo.
El arzobispo de San Salvador, José Luis Escobar Alas, conoció a Gutman cuando le tocó ejercer de cicerone para los emisarios José María del Corral y Enrique Palmeyro, de la red papal Scholas Ocurrentes.

El arzobispo se entusiasmó tanto que un día invitó a Gutman a que expusiera su visión a los demás obispos; y otro día, el 20 de septiembre, lo sentó a la par en la concurrida conferencia de prensa que cada domingo ofrece después de oficiar misa en la Catedral metropolitana.

Gutman agradeció la generosa presentación y la oportunidad, y se tomó 13 minutos del tiempo de monseñor. Para variar, leyó, consciente quizá de que cuando habla, a veces se enroca en anécdotas que no son tan relevantes. "Yo sé que después esto se edita y sale solo una frase, pero nunca se sabe qué frase será", dijo. Pero casi nadie entre la treintena de periodistas le paró bola. Ávidos de una declaración vacía del arzobispo sobre la posibilidad de un impuesto a las llamadas telefónicas, ninguno se interesó en la cultura de la integración.

Emilio Corea, periodista de Telecorporación Salvadoreña, sí le planteó una pregunta, pero lo hizo por cortesía, como si quisiera que el invitado no se sintiera mal: "Don Alejandro, usted está vinculado a la prevención de la violencia, ¿cree que es cuestión de inyectar más dinero si se quieren revertir esos 20 o 30 homicidios diarios?".

Como si le hablara a un niño de seis años, Gutman le explicó que los programas de prevención no sirven, y aprovechó para señalar a organizaciones internacionales, a gobiernos, a oenegés, a USAID, con ejemplos detallados de inversiones, a su juicio estériles. "Pero no sé si contesté la pregunta como usted esperaba", dijo al final.

"Lo que yo le preguntaba –agregó el periodista Corea– era si, en base a su experiencia en comunidades de alto riesgo, la violencia se va a resolver con más plata".

Esta vez no se mordió la lengua, e incluso subió el tono: "No hay ninguna chance de que la violencia se resuelva solamente con dinero. La violencia, como le decía, está en todos lados. Hay una carga de violencia enorme cuando en un hospital se atiende pero no se cura; o cuando una universidad impide el acceso a muchos, o en empresas que solo hacen eso que llaman responsabilidad social empresarial y que es pura cosmética, o en unos periodistas que no dan la palabra a los pobres... ¡Mire si tiene lugares para ver de dónde mana la violencia! No sé si he sido claro".

Y el silencio se apoderó de la sala por unos segundos eternos, hasta que el moderador dio paso a otro periodista.

***

Gutman cierra con cierta molestia la pregunta sobre el capitalismo, agarra otra cuartilla y lee.

— ¿Cuál es el mayor sacrificio que realizó para poder ayudar a los demás? ¿Qué es lo que más le satisface?

Calla. Pasan uno, dos segundos... seis, nueve... Gutman enrojece... trece, dieciséis... a Gutman le cae una lágrima sobre la mejilla izquierda... veintitrés, veinticinco... el auditorio es un sepulcro… treinta y tres… Gutman se limpia y respira… treinta y nueve segundos.

—Yo soy papá…

Otros 11 segundos.

—Dejar a mis hijas no tiene… para ellas no va a tener perdón…

Pasan otros ocho segundos hasta que alguien se apiada y da el primer aplauso, que se convierte en una ovación que dura el medio minuto que Gutman aprovecha para recomponerse.

—Y después… está lo emocional. Los sacrificios que hago… aunque a mí no me gusta la palabra sacrificio. Yo me crié con buenos profesores. Bilardo siempre me decía: no tenés frío, no tenés sueño, no estás cansado. Yo aprendí con él. Hoy me levanté a las cinco. Y fui anoche al baño, porque sabía que hoy no iba a poder ir. Aunque les parezca mentira, hay que acomodar eso también. Y hoy no he almorzado. Mi cuerpo no puede no almorzar, por una enfermedad que tengo. No me cubro del sol, y soy un idiota por ello, porque tuve cáncer de piel. Pero todos esos son pequeños sacrificios, tonterías. Esfuerzos, les diría yo, más que sacrificios. Y esto es de casi todos los días. Un esfuerzo enorme es no enojarme. Cuando me toca ir a alguna empresa o institución y veo que la gente es *recontracuadrada*, yo tengo que morderme la lengua 70 veces y hacer un esfuerzo de autocontrol, porque, si no, puedo arruinar lo que se viene construyendo.

"Arruinar lo que se viene construyendo", dice.

—Puede ser que esta charla despierte la curiosidad por encontrar una forma de vida distinta a uno solo de ustedes, y eso… eso no tiene precio.

Dentro de ocho horas, Gutman abrirá su correo en la habitación de su hotel y hallará un e-mail que le habrá escrito un joven que ahora está en la sala. También se llama Alejandro: "Fue una experiencia inigualable ver cómo una persona puede interesarse tanto por nuestro país, por lo que le doy las gracias de la manera más sincera. Soy estudiante de la carrera de profesorado en Matemática. (…). Soy bastante joven, en todos los sentidos, y creo que aún me falta mucho por conocer sobre la cultura de la integración (…). No sé en qué puedo aportar por ahora, pero reitero que lucharé porque esto se lleve a cabo. Creo que al ser profesor tendré más oportunidades de ser un sujeto de acción. Como dijo Paulo Freire, la educación no es un acto de consumir ideas, sino de crearlas y recrearlas".

Quizá no sea más que un desahogo de conciencia de un veinteañero, pero a Gutman le permitirá echarse a dormir satisfecho esta noche.

***

El argentino Carlos Salvador Bilardo, el Narigón, ganó como entrenador el Mundial de 1986 y alcanzó la final cuatro años después. Dirigió otras tres selecciones nacionales, se atrevió a quitar la capitanía de la selección a Daniel Passarella, ayudó a formar el carácter de Diego Armando Maradona, promovió, sin pretenderlo, una filosofía de juego que algunos fanáticos asumen como una religión, el bilardismo, y aún le quedó tiempo para cultivar una amistad con Gutman.

—Lo conozco de hace muchos, muchos años –me dijo Bilardo por teléfono, desde Buenos Aires–. A mí me ayudó mucho, sabe toda la historia mía y yo la de él, porque me demostró, durante mucho tiempo, que es una gran persona, siempre pensando en el futuro y en el prójimo.

— ¿Cómo se explica usted que alguien deje una vida cómoda para volcarse en tratar de mejorar las condiciones en un país ajeno?

—Alejandro es una persona que no busca beneficio, y en la actualidad yo no conozco mucha gente que no busque el beneficio propio. Lo que hace lo hace por pasión, por eso le colaboro en lo que puedo, porque sé que lo siente.

Invitado por Gutman, Bilardo visitó El Salvador en marzo de 2011.

***

La siguiente cita es a las cuatro de la tarde en el restaurante Don Beto del centro comercial Plaza Jardín, siempre en San Miguel, y Gutman espera platicar con un grupo de empresarios de la ciudad.

En la universidad nos dieron a los tres algo de comida en un recipiente de durapax: filete de pechuga de pollo, una papa sancochada partida en dos y un puchito de vegetales. Como llegamos con diez minutos de adelanto, aprovechamos para comer dentro del Hyundai, en el parqueo del centro comercial.

Gutman habla y come, come y habla, hasta que entra la enésima llamada en su celular, que responde con empatía. Es un personero de la Comisión Ejecutiva Hidroeléctrica del Río Lempa, la CEL, la empresa estatal generadora de energía eléctrica. La plática dura menos de dos minutos. Son buenas noticias. Prácticamente le han garantizado que apoyarán la cultura de la integración con más de un cuarto de millón de dólares, lo que sería un auténtico parteaguas en la historia de Forever.

Pero en diez años Gutman ha escuchado tantos compromisos de funcionarios-empresarios-organismos, incumplidos a la postre, que recibe con cautela extrema estas noticias.

***

13 de octubre de 2015, un martes.
Gutman aterrizó de muy mañana en el Aeropuerto Internacional Monseñor Óscar Arnulfo Romero, tras cinco horas y media de vuelo desde San Francisco. Lo esperaba Adolfo, su escudero, a quien le pidió que con todo y maletas lo llevara a Panchimalco, un pintoresco pueblo ubicado a media hora, en carro, de la capital.

Del casco urbano –es un decir– de Panchimalco, tras tomar una de las vías sin asfalto que se abren hacia el sur y manejar 20 minutos, llegaron al Complejo Educativo Cantón San Isidro, en el cantón homónimo. En muchos aspectos, la escuela-instituto encarna el prototipo de centro educativo rural-público salvadoreño: para que el agua corra después de usar el baño dependen de las pipas, los alumnos caminan uniformados desde caseríos y cantones cercanos, cuenta con una modestísima sala de computación. Pero en San Isidro hay un factor que trastoca todo: está en una zona con fuerte presencia de maras.

"Yo trabajo acá desde hace 15 años, pero ni siquiera mis compañeros saben dónde vivo. Es una forma de protegernos", se sinceró con Gutman un fornido treintañero llamado Melvin Márquez, director desde hace dos años y docente durante más de una década.

La calle frente al centro educativo es la *frontera*: divide el área que *controla* la pandilla Mara Salvatrucha de las zonas donde los *grafitos* son de su rival, el Barrio 18. "Acá tenemos alumnos de las dos pandillas, pero jamás se van a los puños o se amenazan. Los podría poner a comer en la misma mesa, frente a frente, y no pasaría nada, quizá porque ellos mismos han hecho el pacto de no agredirse en la escuela. Pero ya en noviembre que no hay clases...", dijo el director Márquez.

No suena muy aventurado suponer que el *pacto* en el interior del centro educativo se deba a la agresiva presencia policial. Desde que en 2011 Panchimalco se convirtió en un habitual en los ránking de municipios más violentos, el Ministerio de Seguridad quiso tomar cartas en el asunto y, entre otras medidas, instaló fuera de la escuela-instituto un puesto con agentes armados con fusiles de guerra. "Cuando inicia el año escolar, el día que presentamos la planta de docentes, se presenta también a los agentes", dijo el director Márquez.

En 2015 la cifra de asesinatos en Panchimalco fue la más alta desde que se lleva un conteo confiable: arriba de 90 homicidios en un municipio que ronda los 47.000 habitantes, con el agravante de que la violencia castiga más las áreas rurales, como el cantón San Isidro, donde pandilleros de una y de la otra, fuerzas de seguridad y grupos de exterminio paraestatales llevan años en plena temporada de gatillo fácil.

En el Complejo Educativo Cantón San Isidro, la matrícula cayó de 936 alumnos en 2014 a 858 en 2015. Desplazamientos forzados, migración, la pandilla como un atractivo mayor. El segundo año de bachillerato, el más afectado por el fenómeno de las maras, renunció este año a tener dos grupos, por la significativa reducción en la matriculación que el director Márquez relacionó sin matices con la violencia.

"Pero la batalla no está perdida", le dijo optimista el director Márquez a Gutman, "se está haciendo mucho, pero hasta donde alcanzamos. Si alguien nos tendiera la mano…"

Fundación Forever incluirá en 2016 este centro educativo en su estrategia de becas.

***

El encuentro con empresarios en Don Beto –en una sala reservada y apartada, aire acondicionado, meseros uniformados– congrega a 15 personas, de las que la mayoría o no son empresarios o lo son de pequeñas tiendas con escasísimo poder de incidencia en el entramado de la cultura de la integración. Algunos están más pendientes de sus celulares que de Gutman, que saca fuerzas de flaqueza para envolver su discurso con el mismo entusiasmo.

El convite se desvanece uno a uno, y se da por finalizado cuando falta apenas nada para las siete, y ya es noche en San Miguel.

No quedan más reuniones en la agenda, solo el regreso: dos horas y media exactas en la estimación del señor Google. Gutman me pregunta si ya telefoneé a mi esposa para avisarle de que llegaré tarde. Respondo que no es necesario, que le dije que a las nueve regresaríamos.

— ¿Cómo le vas a decir a las nueve? ¿Estás loco? Son las siete de la tarde. ¿Qué querés, que nos matemos? ¿Vos creés que Adolfo es Fitipaldi? Decile a Iris que llegarás más tarde; sino, se va a preocupar. ¿Por qué la querés preocupar?

—En tres horas llegamos –dice Adolfo, un hombre de pocas palabras.

—Pero siete y tres son diez, no nueve. Llamala, Roberto.

La llamo.

***

24 de noviembre de 2015, un martes.
En el Centro Internacional de Ferias y Convenciones celebró su evento anual de rendición la empresa estatal generadora de energía eléctrica, la CEL. Fue un evento regio, con no menos de mil invitados, con docenas de encorbatados y perfumadas, pero con una mayoría de personas de escasos recursos, provenientes de las comunidades aledañas a las represas y centrales geotérmicas que explota la CEL.

A Gutman lo llamaron al estrado para la firma de un convenio de colaboración por 290.000 dólares, que garantiza becas para que unos 300 jóvenes del *bajomundo* puedan convertirse en universitarios, que se sumarán a los que ya están dentro del programa. Es el mayor espaldarazo financiero que logra para su cultura de la integración, concretado y firmado. Gutman lucía radiante.

"Las universidades y las empresas necesitan oxigenarse con estos jóvenes, dejar de respirar el aire viciado que ahora respiran", dijo.

Después habló Alison, de Soyapango, una de las primeras jóvenes en ser becada bajo el modelo Gutman, y que ya tiene bien encaminada una licenciatura en comunicaciones. Proveniente de un hogar empobrecido y con un 6.31 de nota en la prueba de acceso, la educación superior era un imposible para ella. Pero se sumó al programa de Forever, realizó el exigente proceso formativo, y le dieron una de las primeras becas, en la Universidad Pedagógica de El Salvador.

"Muchas personas piensan que no podemos salir adelante, pero ya somos muchos los becados que hemos demostrado que sí podemos", dijo. "Cada uno de nosotros tiene una historia y sabe por lo que ha pasado", dijo. "El proceso formativo ayuda a que nos sintamos más seguros, porque en las colonias en las que vivimos a veces ni nosotros mismos creemos que seremos capaces", dijo. "Hemos logrado superar barreras que creíamos insuperables", dijo. "Solo faltaba que alguien creyera en nosotros", dijo.

Las palabras de Alison emocionaron a Gutman, parado a la par. También lloró esta vez.

***

Somos tres en el Hyundai, y la misma voz cantante. Pero en algún punto del departamento de Usulután se trastoca el orden natural.

—Adolfo, ¿vos sabés que en este carro viaja uno de los latinos más influyentes?

— ¿Cómo? –responde Gutman.

—Una revista, *People* creo, te eligió en los noventa como uno de los latinos más influyentes en Estados Unidos.

—Sí –ríe sin reír–, me pusieron alguna vez. No sé qué mierda hicieron. No le doy vueltas a eso…

—Supongo que cuando pegaba fuerte el programa de radio, ¿no?

—Sí, pero esas son pelotudeces que no sirven para nada. Pura paja. ¿Influyente de qué? Como dice el señor Bora, eso es pura mamada –y remarca con un acento inventado las palabras 'pura' y 'mamada'.

***

El nombre Velibor 'Bora' Milutinović está –y estará– esculpido en el libro del fútbol como autor de un logro acaso irrepetible: dirigir cinco seleccionados nacionales diferentes –México, Costa Rica, Estados Unidos, Nigeria y China– en igual número de Mundiales consecutivos, los disputados entre 1986 y 2002.

Bora es íntimo de Gutman.

—Creo recordar que nos conocimos en el Mundial del 86 –me dijo Bora por teléfono, desde México DF–, pero fue a partir del Mundial de Italia que nos hicimos amigos. Me ayudó mucho en mi vida profesional. Yo siempre he agradecido a Dios que me puso en el camino una persona como él. Es una persona diferente a todos.

Cuando Gutman le pidió que lo apoyara en Forever, no lo dudó, y el serbio estuvo en el *bajomundo* salvadoreño dos veces: en octubre de 2008 y en noviembre de 2013.

—A Alejandro no hay que entenderlo, hay que admirarlo, porque ha dedicado su vida para ayudar a los demás. Y yo no he conocido en el mundo nada comparado con eso que hace, que con recursos propios, con méritos propios, ayuda para bien de sociedad. Yo estoy muy orgulloso de tener un amigo como él.

***

Son las nueve pasadas, noche de luna menguante, de un día que comenzó hace 16 horas, y aún falta al menos una hora en el Hyundai para que Adolfo lo lleve de regreso al hotel, y luego organizar el mañana. Gutman aprovecha un silencio breve para telefonear a Paula, la hija adolescente, futbolista y lesionada en un tobillo.

— ¡¡Pero cómo no te va a dar un antiinflamatorio!? –eleva de repente exaltado la voz–. ¡Esa doctora no sabe nada!

Paula es la 9 en el equipo de *soccer* de su *high school* en San Francisco, California. Se retorció ayer y tiene una inflamación de caballo que apenas le permite caminar. "Ibuprofeno, sí, durante 48 o 72 horas, te duela o no te duela". Quizá así sean las pláticas entre futbolistas magullados. La sermonea con cariño. Luego le dice que, si su madre pregunta por qué se automedica, que le diga que él se lo dijo. Con consejos como estos, confesó en la mañana, es que logra sentirse padre. Antes de cortar, se despide con ternura. Se voltea.

—Hoy estaba de buen humor, y eso es una bendición del cielo.

Gutman debería estar ahora en San Francisco, junto a su hija adolescente, futbolista y lesionada, pero está viajando en esta noche de luna menguante entre San Miguel y San Salvador.

— ¿Por qué hacés esto, Alejandro?

— ¿El qué?

—No tendrías que estar ahora en esta carretera, de noche.

—Sí me corresponde. ¿Quién querés que lo haga?

—Ni siquiera es tu país...

— ¿Qué importa eso? ¿Quién querés que lo haga?

—Llevás más de una década, y no creo que muchos te agradezcan esto.

—No importa. Mi objetivo no es que nadie me agradezca. Si alguien se mete en esto para que lo agradezcan, es porque es un boludo, un tarado.

—Tenés 55 años, decís que la salud delicada.

—Si esto ya pudiera caminar solo, lo haría distinto. No vendría tanto a El Salvador, ni vendría a matarme; vendría más tranquilito. Porque esta vida durante una semana, dos semanas, te mata, ¿eh? Pero yo estoy viendo ciertas cosas, y estoy muy consciente de las batallas que estamos haciendo.

Cada vez soy mucho más selectivo. Por ejemplo, yo no habría venido hasta San Miguel solo para esta reunión en el restorán que acabamos de tener...

— ¿No creés que la mayoría llegó solo a cenar?

—Pero esta reunión es un comienzo, y de a poquito se va creciendo. ¿Vos creés que esto es que yo acá me presento, y la gente ya dice: estoy a la orden? Ellos no me conocen. Es así. Esto es lo que hay que hacer. No hay otra.

—Pero... ¿por qué vos?

— ¿Y quién querés que lo haga? Nadie quiere hacerlo, y esta es la única solución. Es el camino. Estoy convencido. No hay otro.

Un hidalgo de los de lanza en astillero, adarga antigua, rocín flaco y galgo corredor.

—Además... pasamos un buen día hoy, ¿no?

Los Autores

Los Autores

Melissa Silva Franco

Periodista con 12 años de experiencia en América Latina y Europa. Licenciada en Comunicación Social por la Universidad Bicentenaria de Aragua (Venezuela) y maestría en Periodismo por la Universitat de Barcelona (España) y University of Columbia (New York, EEUU). Con un curso especial sobre periodismo y democracia en la Universidad de Kalmar (Suecia). Ha trabajado durante 9 años como reportera de sucesos y tribunales en América Latina, y como coordinadora de comunicación institucional en organizaciones en España y Venezuela desde donde ha llevado a cabo campañas internacionales en más de 20 países.

@Melisilvafranco

Melissa Silva Franco

Luis Felipe Gamarra

Periodista peruano, ha publicado crónicas, investigaciones y entrevistas, así como reportajes y documentales, en los medios de comunicación más importantes de su país. El 2009 publicó el libro de perfiles "Pequeños dictadores" (Editorial Mesa Redonda). El 2012 fue co-autor del libro de entrevistas "Pecados capitales, siete miradas para entender el éxito y el fracaso en el Perú" (Editorial Estruendomudo), y del libro "Prensa y futuro" (Grupo El Comercio). El 2013 escribió los coffee table book "Quinua" (Editorial Estruendomudo), ganador del Special Award of the Jury en el Gourmand World Cookbook 2013, e "Historias de un país que avanza" (Grupo RPP). El 2014 escribió el libro "20 historias, 20 momentos" (Telefónica del Perú). Actualmente, además de editar la revista Aptitus en el Grupo El Comercio, escribe artículos sobre actualidad, economía y negocios en las revistas Cosas, Cosas Hombre, América Economía, Poder, La Ley y El Comercio.

Foto de Giovani Alarcón

Luis Felipe Gamarra

Clavel Rangel Jiménez

Periodista venezolana. Ha trabajado como reportera durante siete años en el estado Bolívar, al sur de Venezuela en la cobertura de temas sindicales, mineros y violación de Derechos Humanos. Ha sido corresponsal para medios nacionales y productora para periódicos internacionales. Ha trabajado con el Instituto Prensa y Sociedad (Ipys) en el desarrollo de reportajes de investigación. Es coautora de la edición de crónicas de la fundación Bigott, "Desvelos y Devociones" (2012).

 Clavel Rangel

@ClavelRangel

Nilton Torres Varillas

Nació en Lima (Perú) en 1970. Es periodista y vive en Barcelona (España). Ha escrito para importantes revistas latinoamericanas como Gatopardo y Travesías. Colabora habitualmente con el suplemento Domingo Semanal, del diario La República, y con las revistas Cosas Internacional, Cosas Hombre, Caretas, Aptitus y Padres. En 2008 ganó el Premio Nacional de Periodismo "Para que no se repita" y también el Premio de Periodismo en Biodiversidad. Es profesor del máster "La comunicación de los conflictos armados, paz y movimientos sociales", de la Universidad Autónoma de Barcelona.

Foto de Ferrán Gallen

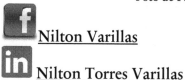 Nilton Varillas

Nilton Torres Varillas

Roberto Valencia

Periodista. Nacido en Euskadi en 1976, aunque desde el año 2001 reside en El Salvador. Integra la Sala Negra del periódico digital El Faro, un proyecto de cobertura de la violencia en Centroamérica, especializado en el fenómeno de las maras. Sus reportajes han sido publicados en Gatopardo, Courrier international, BBC, El Malpensante, Internazionale. Ha ganado, entre otros reconocimientos, el Premio Latinoamericano de Periodismo de Investigación 2013 y el Premio Excelencia Periodística 2015 de la SIP en la categoría 'Crónica'. Es autor y coautor de varios libros, entre los que destacan "Crónicas negras. Desde una región que no cuenta" (Aguilar, San Salvador, 2013), "Hablan de Monseñor Romero" (Fundación Monseñor Romero, San Salvador, 2011) y "Jonathan no tiene tatuajes" (CCPVJ, San Salvador, 2010).

 @cguanacas

 robertovalencia.elsalvador

Si quieres saber más de los personajes y poner en
contacto con los autores visita

Pequeñas batallas, Grandes Historias

Made in the USA
Columbia, SC
25 July 2021